QUAND NOS DÉSIRS FONT DÉSORDRE

MATHIAS QUÉRÉ

QUAND NOS DÉSIRS FONT DÉSORDRE

Une histoire du mouvement homosexuel
en France, 1974-1986

Les droits d'auteur de cet ouvrage sont reversés à des centres d'archives communautaires.

www.luxediteur.com

Conception graphique de la couverture : Quentin Poilvet
Photographie de couverture : Jean-Claude Aubry, 1983

Dépôt légal : 1er trimestre 2025
Bibliothèque et Archives Canada
Bibliothèque et Archives nationales du Québec
ISBN : 978-2-89833-196-1
ISBN (epub) : 978-2-89833-198-5
ISBN (pdf) : 978-2-89833-197-8

Canada

Cet ouvrage a bénéficié du concours de l'Université Toulouse-Jean-Jaurès, du laboratoire FRAMESPA et du CNRS pour sa publication.

Nous reconnaissons l'appui financier du gouvernement du Canada.

Comment dire en quelques mots aux hétéros ce qu'est mon homosexualité ? Pourquoi en passer par les mots pour rendre compte de mon corps, de ces lieux et temps de jouissance, pour vous dire l'itinéraire de mon désir ? Alors que mes érections, mes enculades, les succions, mes caresses, mes baisers, tout ce que je ne veux plus vous cacher, se fout des mots ! Homme ou femme hétéro : il faudrait vous prendre par la main, et silencieusement, fraternellement, partager nos voyages, vers les quais des deux fleuves, là où dans cette ville les pédés draguent, des hommes jouissent au fond des pissotières en plein hiver. Les caresses sous les ponts avec des inconnus de tous âges, de toutes races. Le sexe poisseux du mineur, le corps de l'immigré, la main tremblante du vieux dans ton slip. L'angoisse des flics, la peur des truqueurs. Loubards qui en veulent à ton fric. Les pédés sont vagabonds. Notre sexualité est voyageuse.

Groupe de libération homosexuel de Lyon[1]

LISTE DES SIGLES ET ACRONYMES

AMG	Association des médecins gais
CCL	Centre du Christ libérateur
CGT	Confédération générale du travail
CHLOEGH	Comité homosexuel et lesbien d'organisation des États généraux des homosexualités
CLARH	Comité lillois anti-répression homosexuelle
CUARH	Comité d'urgence anti-répression homosexuelle
FHAR	Front homosexuel d'action révolutionnaire
GL	Groupe lesbiennes
GLF	Groupe des lesbiennes féministes
GLH	Groupe de libération homosexuel
GLH-GB	Groupe de libération homosexuel, tendance Groupes de base
GLH-PQ	Groupe de libération homosexuel, tendance Politique et quotidien
IGA	International Gay Association
LCR	Ligue communiste révolutionnaire
LO	Lutte ouvrière
MFL	Mouvance folle lesbienne
MGL	Mouvement des gais libéraux
MIEL	Mouvement d'information et d'expression des lesbiennes
MLF	Mouvement de libération des femmes
PCF	Parti communiste français
PS	Parti socialiste
PSU	Parti socialiste unifié
RHIF	Rencontre des homosexualités en Île-de-France
UEH	Université d'été homosexuelle

PROLOGUE

En 2019, on ne compte plus les célébrations du cinquantenaire des émeutes de Stonewall. Dans les cortèges des prides, pancartes et banderoles rappellent cette nuit du 28 juin 1969 où des femmes trans, des homosexuels, des travestis et des lesbiennes ont affronté la police des heures durant. Des affrontements qui se prolongèrent, à la stupéfaction des commentateurs, les nuits suivantes. À l'heure où le mouvement queer contemporain français est en quête de son histoire, on situe encore bien souvent la naissance de la mobilisation homosexuelle de l'autre côté de l'Atlantique, au cœur de ces quelques nuits d'émeutes new-yorkaises. Et notre histoire apparaît alors, presque par magie, comme une simple et inexorable marche vers l'émancipation, un passage de l'ombre du placard à la lumière des prides, le tout grâce à quelques pavés jetés sur la police.

Deux ans plus tard, en 2021, ce sont cette fois les cinquante ans du Front homosexuel d'action révolutionnaire (FHAR), probablement le groupe homosexuel français le plus connu, fantasmé et mythifié par les militant·es depuis sa disparition. Tandis que les marches des fiertés réoccupent la rue après un an de pandémie de COVID-19, l'anniversaire du FHAR est pourtant largement passé sous silence. Alors quoi ? Stonewall plutôt que le FHAR ? Une seule certitude : l'histoire des mouvements lesbiens, homosexuels et trans français est encore trop peu connue et sa transmission toujours balbutiante.

La construction de mon imaginaire a été en réalité similaire. Il y a quelques années encore, je fantasmais Stonewall et le FHAR, sans grande idée de ce qu'avait représenté l'histoire de la mobilisation homosexuelle dans l'Hexagone. J'ignorais totalement que des groupes homosexuels et lesbiens avaient existé sur l'ensemble du territoire français depuis la seconde moitié des années 1970 et qu'ils avaient constitué un mouvement dont nous sommes les héritier·ères. Il a fallu que j'entame des recherches universitaires pour découvrir les traces d'un passé insoupçonné[1].

L'histoire que je reconstitue ici est celle d'un mouvement homosexuel mixte qui a existé en France dans les années 1970 et 1980[I]. Depuis l'amphithéâtre des Beaux-Arts parisien qui accueillait les assemblées hebdomadaires du FHAR au printemps 1971 jusqu'à la lente disparition du Comité d'urgence anti-répression homosexuelle (CUARH) en 1986, ce sont quinze ans qui ont radicalement fait évoluer les réalités des gais et des lesbiennes[II]. D'un horizon révolution-

---

I. Je dois préciser que dans de nombreuses sources, il n'est pas toujours spécifié si des lesbiennes participent ou non à la mobilisation. Celles-ci étant très majoritairement invisibilisées dans l'histoire, j'ai fait le choix de présupposer, s'il n'est pas indiqué que seuls des garçons sont dans un groupe ou participent à une action, la présence de lesbiennes, et par conséquent de féminiser mon écriture. Cette démarche a pour conséquence de surreprésenter les lesbiennes dans une histoire où leur place n'est pas assurée et fait l'objet de nombreux et vifs débats. Mais au vu des enjeux de l'invisibilisation du sujet lesbien, il me paraît plus cohérent politiquement d'adopter cette démarche plutôt que l'inverse.

II. Le terme même d'« homosexualité » a été conçu à la fin du XIXe siècle par le journaliste et écrivain Karl-Maria Kertbeny. La terminologie utilisée a permis de penser, de conceptualiser et, par ce biais, de constituer une identité homosexuelle. Par soucis de respectabilité, les membres d'Arcadie se considéraient comme des *homophiles*, le FHAR a milité pour donner une connotation politique à l'usage des termes de « pédé » et de « gouine » et les Groupes de libération homosexuels (GLH) ont généralement eu tendance à employer les termes d'« homosexuel·les » et de « lesbiennes ». Le qualificatif « gai/gay » apparaît en France à la toute fin des années 1970 et se diffuse lentement. En fonction des sensibilités, les militant·es parlent d'eux et d'elles-mêmes en se désignant parfois comme « homosexuel·les » ou comme gais et lesbiennes, et plus rarement comme gouines ou pédés. Aujourd'hui, les termes « homosexuel·les », « gais », « lesbiennes », « gouines » et « pédés » ne relèvent plus de la même acception. Dans ce livre, j'utilise les dénominations des militant·es. Il sera donc question d'*homosexuels*, d'*homosexuelles* et de *lesbiennes* pour les années 1970 et davantage de *gais* et de *lesbiennes* pour les années 1980. Par ailleurs, au-delà du sexisme et de la misogynie qui sont des comportements récurrents chez les militants, je voulais distinguer les hommes homosexuels des hommes hétérosexuels. C'est pourquoi j'ai majoritairement préféré le terme de « garçon » pour évoquer les premiers quand il s'agissait de faire référence à leur genre. Le jeune âge d'une majorité d'entre eux simplifiait cet usage.

naire à la lutte pour l'abrogation de la législation homophobe et répressive, ce mouvement a été exaltant, avant que le sida ne décime toute une génération. Pour autant, ce récit n'est pas celui d'une progression constante et linéaire, l'émancipation scintillant au bout du chemin. Avec l'apparition des Groupes de libération homosexuels (GLH) sur l'ensemble du territoire français à partir de 1975, l'histoire qui se joue n'est pas sans heurts ni rebonds, à l'image de fréquences, dans un moment de forte intensité politique.

Au cours des presque dix ans de recherche qui ont abouti à ce livre, je me suis plongé dans des tracts, des récits, des brochures et des journaux qui m'ont fait du bien, parfois ému, d'autres fois inspiré. J'ai découvert des discours et des initiatives qui m'ont fait sourire, souvent rêver et qui, à maints égards, me paraissent aujourd'hui encore cruellement d'actualité. J'ai alors nourri l'envie et le besoin que d'autres puissent avoir accès à ces histoires pour se les approprier à leur tour. Les militant·es des années 1970 et 1980 ont développé des formes d'organisation et d'intervention politiques qui, peut-être, pourraient nourrir nos imaginaires.

Dans cette longue aventure, il m'a d'abord fallu trouver et rassembler des documents bien souvent éparpillés dans une grande diversité d'archives privées, publiques ou communautaires, puis les dépouiller pas à pas pour en comprendre les dynamiques et les récits qui s'y écrivaient entre les lignes. Ceci afin de reconstituer le puzzle de l'histoire du mouvement homosexuel français[III].

Cette proposition n'est pas un simple hasard. Ce livre s'ancre pleinement dans une séquence politique et historique où une jeune génération, la mienne, accompagnée par quelques aîné·es qui la guident et l'aiguillent, s'empare de ces histoires pour leur redonner vie. Il y a bien sûr l'université, où l'on trouve celles et ceux qui aujourd'hui font de l'histoire des mouvements homosexuels, lesbiens et trans l'objet de leurs recherches. Il y a aussi des collectifs et des associations qui rassemblent, archivent et sauvent des mémoires minoritaires de

III. Il convient de préciser que mon travail se concentre sur le territoire métropolitain et n'inclut pas les colonies d'outre-mer.

l'oubli, et qui, dans l'espace francophone, se fédèrent au sein du réseau Big Tata[2]. Et puis il y a d'autres lieux, comme le théâtre, où le collectif Fléau social fait revivre sur les planches le moment de fondation du FHAR en mars 1971, tandis que le collectif Jeanine Machine fait manifester la foule dans sa pièce *Le pédé.* Cet ouvrage est donc une pièce ajoutée au patchwork de toutes ces mises en récit du passé, à qui il doit tellement. J'espère qu'il complexifiera certaines analyses, suscitera des critiques ou ouvrira la voie à de nouvelles approches.

Au début de mes recherches, ma fascination pour les GLH m'a poussé à vouloir écrire une version héroïque de cette histoire. M'inventant une filiation avec ses protagonistes, j'étais réticent à exposer les conflits, les ruptures ou certaines prises de position qui, aujourd'hui, paraissent aberrantes. Je ne voulais pas desservir ma cause ni dénigrer un passé jusqu'alors confisqué. Mais pour quoi faire? À quoi sert une histoire dont on aurait effacé toutes les aspérités et les nuances[3] ? Nous n'avons en réalité pas besoin de héros ni d'héroïnes, et encore moins d'un récit exemplaire mais illusoire qui rendrait le présent plus terne. Au contraire, nous avons la volonté de savoir, d'apprendre des erreurs et des errances de celles et ceux qui nous ont précédé·es pour tenter de ne pas les reproduire. Ces pages sont donc l'entremêlement d'histoires complexes, avec leurs prouesses, leurs strasses et leurs impasses. Ceci parce que nous n'aurons que ce que nous saurons prendre, parce que rien ne nous sera jamais donné.

CHAPITRE 1

« LESBIENNES, PÉDÉS, NE RASONS PLUS LES MURS »

AU COMMENCEMENT, il y a la répression. Tout au long des XIXe et XXe siècles, les pouvoirs policier et judiciaire répriment à cœur joie, Code pénal en main, tous ces « désordres sexuels », ces actes « déviants » et « contraires aux bonnes mœurs » qui condamnent des dizaines de milliers de personnes à l'anonymat et à l'obscurité du placard[1]. Alors que le crime de sodomie avait été aboli en 1791, Philippe Pétain réintroduit en août 1942 dans le droit français la pénalisation de certaines relations homosexuelles, ce qu'à la Libération, le ministre de la Justice du général de Gaulle, François de Menthon, juge bon de maintenir en vigueur. En 1960, le député conservateur Paul Mirguet lance même une nouvelle offensive : il fait adopter un amendement qui qualifie l'homosexualité de « fléau social », au même titre que l'alcoolisme ou la tuberculose. En France, entre 1945 et 1978, 10 000 personnes sont jugées coupables et condamnées à la prison[2] ; en Allemagne de l'Ouest, entre 1949 et 1995, elles sont 68 000 ; en Grande-Bretagne, entre 1950 et 2000, 50 000. Mais ces chiffres, aussi effrayants soient-ils, ne représentent en réalité que la partie émergée de l'iceberg et ne disent rien des pressions, chantages, rafles, extorsions, contrôles d'identité et violences policières qui échappent aux comptabilisations officielles.

UNE ÉTOILE DANS LE FIRMAMENT

Dans le marasme punitif d'après-guerre, une organisation homosexuelle voit le jour en France : Arcadie. Longtemps dépréciée dans la mémoire militante pour son conservatisme moral et politique, Arcadie a pourtant posé à sa manière les jalons d'un militantisme homophile menant à l'apparition des premiers groupes homosexuels radicaux[I]. Dans la constellation en expansion qui est celle du mouvement homosexuel au début des années 1970, Arcadie fait figure d'étoile du Berger.

Fin 1953, un ancien séminariste du nom d'André Baudry fonde l'organisation et, dès janvier 1954, entouré d'un petit groupe de collaborateurs triés sur le volet, fait paraître une revue mensuelle du même nom. En dépit de son sous-titre rassurant et gage d'une supposée respectabilité, « Revue littéraire et scientifique », elle est interdite d'affichage et sa vente est prohibée aux mineur·es. Vingt-cinq ans plus tard, elle revendiquera près de 50 000 abonné·es[II]. Plutôt qu'un réseau militant, Arcadie a tout d'une communauté d'intérêt ou, pour reprendre les mots d'André Baudry, d'une « famille spirituelle[3] ».

En 1957, Arcadie se dote d'un local, baptisé le Club littéraire et scientifique des pays latins, qui déborde d'activités et rayonne dans la capitale. Après les projections de films ou les conférences du mercredi, les après-midis dansants du dimanche sont un rendez-vous à ne pas manquer. De façon rituelle, le premier vendredi du mois, André Baudry proclame un discours. Les plus jeunes, venus avant tout pour s'amuser et se draguer, le reçoivent comme une leçon de morale un peu vieillotte, mais savent qu'ils ne peuvent échapper aux mots du maître – rebaptisé ironiquement par certains le « Pape ». La structure d'Arcadie est particulièrement verticale : aucune décision n'est prise sans l'aval de Baudry. Et si, en février 1971, il autorisera la constitution d'un « groupe jeune » amené à tenir un rôle déterminant dans

I. Dans une perspective de respectabilité, Arcadie préfère le terme « homophile » à celui d'« homosexuel », trop connoté sexuellement à ses yeux. Pour une histoire détaillée d'Arcadie, voir Julian Jackson, *Arcadie. La vie homosexuelle en France, de l'après-guerre à la dépénalisation*, Paris, Autrement, coll. « Mutations / Sexe en tout genre », 2010.

II. L'historien Julian Jackson ramène ce chiffre à 10 000 abonné·es pour 1979, mais souligne que, du fait du renouvellement des lecteurs et lectrices de la revue, cette dernière a touché des dizaines de milliers de personnes. Ce qui lui fait dire qu'Arcadie, en plus d'être l'organisation homosexuelle française la plus importante ayant jamais existé, fut aussi l'une des plus significatives à l'échelle mondiale.

notre histoire, en attendant, un fossé se creuse entre deux générations qui coexistent plus qu'elles ne se mélangent.

Symbole d'une organisation réactionnaire et honteuse pour les militant·es des années 1970, le parcours politique d'Arcadie est plus complexe qu'il n'y paraît. Au début des années 1970, les discours de Baudry se font plus revendicatifs. Majorité sexuelle à 18 ans, abrogation de l'ordonnance de février 1945 et de l'amendement Mirguet comptent parmi les demandes. Mais Baudry proscrit l'action publique. Il œuvre plutôt en coulisse, par le biais d'un entregent considéré comme une excellente protection dans le cadre d'un ordre moral conservateur poussant à faire profil bas. Cela peut donner lieu à des scènes détonantes, comme la présence d'un représentant de la préfecture de police de Paris lors de certains banquets annuels de l'organisation. Non sans contradiction une fois encore, Arcadie diffuse des guides d'informations pratiques concernant la santé sexuelle, malgré l'aversion de Baudry pour les rencontres fortuites. Ces guides dénoncent la drague dans le « ghetto sauvage » – les lieux de drague publics, majoritairement investis par les garçons, comme les parcs ou les pissotières –, tout en indiquant les lieux où la brigade mondaine de la police est susceptible de procéder à des descentes.

Au long de ses vingt-huit années d'existence, Arcadie est un roc – un repère solide mais figé dans un temps immuable. Là où d'autres organisations similaires ont progressivement changé leurs analyses et leurs revendications, Baudry continue de vouloir « intégrer l'homosexualité dans la société à travers la démonstration de sa normalité et de sa respectabilité[4] ». Même si le but ultime d'Arcadie est bien de pouvoir vivre à visage découvert, les éléments clés sont « dignité », « prudence » et une homophilie vécue à l'abri des regards.

Pour respecter cet engagement, Baudry veille à ce qu'aucune critique publique n'émerge contre les corps constitués (l'État, la police, l'Église). De quoi provoquer une rupture générationnelle. Là où les militant·es des années de libération parlent d'un placard dont il faut s'extirper ou d'un masque qu'il faut s'arracher pour s'émanciper, Arcadie revendique un « jardin secret[5] » et dénonce les formes d'homosexualité considérées comme déviantes : « Pourquoi ne connaît-on de vous que vos excès, vos délires, vos tapages, vos excentricités, votre obsession du sexe et rien que le sexe ? Puisque vous désirez – exigez – être admis par la société [...] pourquoi alors donnez-vous de votre personnalité cette image misérable, triste, nauséabonde parfois, peu ragoutante souvent, pourquoi faites-vous peur[6] ? »

Arcadie refuse de s'inscrire dans une perspective militante. Une position que les groupes plus radicaux qui lui succéderont feront voler en éclats.

UN MYTHE FONDATEUR

Mai 68. En Sorbonne occupée, la légende voudrait que la jeunesse en quête du grand soir fît exploser toutes les normes d'une société sclérosée. Là où l'imaginaire collectif considère qu'on s'aimait sans entrave durant les événements de mai et de juin, il apparaît plutôt que la jeunesse révolutionnaire était pétrie d'un puritanisme certain[7]. Du côté des amours homosexuelles, un premier murmure surgit dans les couloirs de l'université barricadée, celui du Comité d'action pédérastique révolutionnaire (CAPR).

Le CAPR, ce n'était probablement pas autre chose que « deux jeunes hommes [qui] rédigent un manifeste » pour créer un groupe sans existence véritable, « car ils en sont les deux seuls membres[8] ». Ces deux garçons s'appellent Guillaume et Stéphane. Leur première action consiste à placarder sur les murs de la Sorbonne huit exemplaires de leur manifeste sous la forme de grandes affiches – lesquelles sont immédiatement arrachées. Le lendemain, une nouvelle tentative s'avère plus fructueuse : une ou deux affiches restent en place. Un tract ronéotypé à 500 exemplaires est ensuite distribué dans les pissotières proches de l'université. Mais en réalité, distribuer ces tracts, tout comme en accepter un, constitue un geste lourd de conséquences. Le CAPR, d'après les quelques traces qui nous sont parvenues, réunit par ailleurs quelques fois en deux semaines une trentaine de personnes pour échanger et discuter – sans trop savoir que faire. Et si le CAPR est une étincelle, il faudra attendre trois ans et la naissance du FHAR pour que se propage l'incendie homosexuel.

En plus d'être saturés par les émeutes de Stonewall de 1969, qui auraient préfiguré la naissance du mouvement homosexuel états-unien et sa diffusion dans le monde occidental, les imaginaires militants français ont élaboré, comme tant d'autres, un mythe fondateur, point de départ supposé d'une inexorable marche vers l'émancipation. En France, celui-ci se trouverait dans les coups d'éclat du FHAR, entre 1971 et 1974. Auparavant, il ne se serait rien passé, et la mobilisation marquante suivante se résumerait à Act Up-Paris à partir de 1989. Ces imaginaires ne s'embarrassent guère des faits. Tout comme il a longtemps été passé sous silence que les émeutes de Stonewall résultent de l'implication de personnes trans et racisées et de mouvements tantôt radicaux, tantôt réformistes qui œuvraient depuis les années 1940[9], en France, beaucoup ne savent pas que le FHAR a été fondé par des lesbiennes et des féministes.

De même, on oublie bien souvent de rappeler une généalogie parallèle du mouvement homosexuel, religieuse cette fois, qui donnera naissance à une des plus anciennes associations homosexuelles encore en activité aujourd'hui, David et Jonathan (D&J). Toutefois, son histoire ne croise que tardivement celle du militantisme politique homosexuel. Réunis pour la première fois en 1972 dans les locaux d'Arcadie, les futurs membres de D&J constituent des groupes dans plusieurs grandes villes et « la dimension religieuse prévaut sur la dimension homosexuelle qui reste relativement en retrait[10] ». À partir de 1976, toutefois, le positionnement homosexuel se fait plus militant vis-à-vis de l'Église et culmine par un engagement dans la lutte contre le sida. On ne peut qu'imaginer l'étonnement des garçons et des filles se réclamant d'une idéologie d'extrême gauche face à cette proposition militante.

Au fond, la question posée ici s'oppose à toute lecture légendaire : quelle place donne-t-on à tel ou tel acteur dans les récits qu'on produit ? En l'espèce, quelle place le FHAR occupe-t-il réellement dans l'histoire du mouvement homosexuel français[11] ? Tant de choses ont été dites, écrites et rapportées sur ce groupe que le romantisme l'a emporté sur la réalité historique, si bien que construire un récit au plus près de ce qu'il s'est passé nécessite une prise de distance considérable. Si le politiste Massimo Prearo fait du FHAR une parenthèse dans l'histoire du mouvement homosexuel et en aucun cas son commencement[12], ce dernier m'évoque une comète apparue sur l'échiquier politique des mouvements du sujet minoritaire au début des années 1970. Une comète dont le noyau a brillé de mille feux le temps de quelques mois, et dont la queue a laissé des traces tout au long des décennies suivantes.

La fondation du FHAR se joue en trois actes. Le premier s'ouvre le 10 mars 1971 à Paris[III]. Depuis quatre ans, Ménie Grégoire anime sur RTL une émission de débat autour de sujets sociaux, *Allô, Ménie.* Écouté par plus d'un million de personnes, l'épisode du jour est consacré à l'homosexualité, ce « douloureux problème », ainsi que la mémoire militante a ironiquement rebaptisé cette séquence. Ménie Grégoire a invité « des gens qui connaissent bien la question pour des tas de raisons diverses[13] » à partager leur avis : André Baudry, le fondateur d'Arcadie, Pierre Hahn, un jeune journaliste homosexuel, mais aussi un prêtre, un psychanalyste et le quatuor des Frères Jacques, artistes de music-hall. Face à la commisération de Ménie Grégoire et au ton des invités pourtant majoritairement favorables à l'homosexualité, le public de la salle Pleyel, parsemé de militant·es décidé·es à ne pas laisser de supposés experts s'exprimer à leur place, s'échauffe et donne de la voix avant d'envahir la tribune. Et ce, quelques jours seulement après avoir formé, pour certain·es d'entre elles et eux, l'éphémère Commando saucisson, dont il faut retenir l'interruption du meeting antiavortement organisé par l'association réactionnaire Laissez-les vivre. L'émission, diffusée en direct, est coupée. Les trouble-fêtes, majoritairement des lesbiennes et des féministes, immortalisent leur action par une photographie prise sur les marches de la salle Pleyel.

Ce soir-là, le FHAR est officiellement fondé.

III. Le collectif Fléau social s'est emparé de cette séquence en mettant en scène l'émission sous la forme d'une pièce de théâtre et a publié cette « fiction documentée » sous le titre de *L'homosexualité, ce douloureux problème. Fiction documentée d'un mouvement révolutionnaire,* Romainville, Burn~Août, 2024.

Pensé comme une expérience vécue collectivement[IV], le FHAR refuse toute organisation formelle, car il « n'est que l'homosexualité en marche. Tous les homosexuels conscients sont le FHAR : toute discussion à deux, à trois, est le FHAR [...]. Oui, nous sommes une nébuleuse de sentiments et d'actions[14] ». Pour ses militant·es, le sujet homosexuel est révolutionnaire en soi, car il remet en cause la virilité masculine et les rôles sociaux construits. Leur aspiration n'est autre que la destruction de la famille hétéropatriarcale.

Pour son deuxième acte fondateur, le groupe occupe le devant de la scène grâce à l'action de l'un de ses nouveaux membres, Guy Hocquenghem. À l'image d'une autre figure du groupe, Françoise d'Eaubonne, il avait un temps fréquenté la maison Arcadie[15]. Contributeur au journal maoïste *Tout !*, dont la devise précise « Ce que nous voulons : tout », Hocquenghem convainc ses camarades de confier au FHAR la rédaction d'un dossier central. Ainsi paraît le 23 avril 1971 le numéro 12, au titre évocateur : « Libre disposition de notre corps ». La diffusion en kiosque permet au tout jeune groupe de se faire connaître, avant que les stocks ne soient saisis et Jean-Paul Sartre, le directeur de publication, traîné devant les tribunaux.

La réception de ce dossier est inédite. C'est la première fois en France qu'une telle parole est exprimée aussi largement et publiquement. Alors que l'extrême gauche s'étouffe en lisant ce qui va devenir le manifeste politique du mouvement, des centaines d'homosexuel·les, souvent jeunes, mettent pour la première fois des mots sur les conditions de leur existence. Des courriers affluent par dizaines à l'adresse du FHAR aux Beaux-Arts, où se tient une assemblée générale hebdomadaire qui grossit à vue d'œil : « On était 40 au FHAR il y a un mois, on était 400 à la dernière AG[16]. » Si des lesbiennes ont fondé le FHAR, elles s'en éloignent rapidement et fondent l'éphémère groupuscule lesbien des Gouines rouges[17]. Les garçons monopolisent l'espace. Aux Beaux-Arts, les couloirs et les salles de cours deviennent des espaces

IV. À noter que le FHAR fut essentiellement un mouvement parisien, même si l'on recense quelques groupes ailleurs. Nice est la ville hors de Paris où le FHAR eut le plus de succès et dura plus de quelques semaines. Il est notamment fondé par Jean Le Bitoux et Pierre de Ségovia.

de drague, et dans les recoins des étages les amours homosexuelles peuvent éclore.

Puis vient le troisième acte : la participation du FHAR à la manifestation du 1er mai 1971 aux côtés des féministes du Mouvement de libération des femmes (MLF), qui avaient ouvert la voie au mouvement homosexuel naissant en essuyant les plâtres du virilisme gauchiste. Aux cris du slogan programmatique « Lesbiennes et pédés, ne rasons plus les murs », les membres du FHAR défilent dans les rues de Paris. Les futures Gazolines, qui regroupent des folles et des travestis, font sensation et troublent la rigidité politique de l'événement. Cette manifestation est la première apparition publique d'une homosexualité militante dans les rues de la capitale. Au cours des années suivantes, comme une tradition qui ne dit pas son nom, les groupes qui succéderont au FHAR défileront année après année le jour de la fête des travailleuses et des travailleurs. Loin du romantisme émeutier de Stonewall, le mouvement homosexuel français débute bien plus simplement dans les cortèges du 1er mai 1971.

« JE SUIS HOMOSEXUEL PARCE QUE CELA EST »

Grâce à l'assaut conjugué de mouvements sociaux qui réinventent le champ de l'intervention politique et forcent le pouvoir étatique à la libéralisation progressive de la société française, de nombreuses thématiques politiques et sociales trouvent un écho grandissant au-delà des milieux où elles étaient jusqu'alors cantonnées. L'homosexualité, en réalité presque exclusivement l'homosexualité masculine, obtient alors progressivement droit de cité.

En août 1974, le démantèlement de l'Office de radiodiffusion-télévision française, détenteur d'un monopole sur l'information audiovisuelle, insuffle un vent de liberté dans la production télévisuelle et radiophonique. La création de publications homosexuelles et la fin de la censure de la presse rendent enfin visibles des discours jusque-là maintenus dans des cercles d'initié·es. C'est ainsi qu'en mai 1975, après plus de vingt ans d'interdiction d'affichage, la revue *Arcadie* paraît enfin en kiosque. *Homo* retrouve la vente libre et un nouveau magazine, *Dialogues homophiles,* voit le jour. Dans la foulée naissent les périodiques *Olympe, In, Hommes, Don* et *Andros* qui disposent chacun de leur lectorat, dont le journal *Libération* se moque gentiment : *Hommes,* « c'est la série têtes brûlées, sphinxies, centurions et bataillon d'Afrique » ; *Olympe,* « c'est la variation tout muscle, hygiénique, culturiste et "physiquement remarquable" » ; et *In* serait « pour celles qui s'habillent chez André Balzac d'un feutre marron 1930, qui vont voir le dernier Borowczyk, passent la soirée au Scaramouche et adorent en secret Hiram Keller[18] », autrement dit l'intelligentsia homosexuelle. À chacun son style.

Si la radio avait déjà programmé en mars 1970 la première émission sur l'homosexualité de l'histoire des ondes françaises[19], la diffusion sur le petit écran d'une émission sur le même thème à une heure de grande écoute constitue une véritable révolution. Le mardi 21 janvier 1975, Antenne 2 consacre un de ses *Dossiers de l'écran* à l'homosexualité, précédé du film de Jean Delannoy, *Les amitiés particulières,* une adaptation du roman de Roger Peyrefitte qui met en scène de jeunes amours homosexuelles. L'émission, regardée par plusieurs millions de téléspectateurs et téléspectatrices, est un « souffle d'air frais[20] ». Au cours du débat qui suit la diffusion du film, l'écrivain Jean-Louis Bory tient des propos qui nourriront une réflexion autour de l'identité homosexuelle : « Il y a une réalité homosexuelle et si je suis là, c'est parce que l'homosexualité existe. Je n'avoue pas que je suis homosexuel, parce que je n'en ai pas honte. Je ne proclame pas que je suis homosexuel, parce que je n'en suis pas fier. Je dis que je suis homosexuel parce que cela est[21]. »

Par ricochet, la création, le 4 janvier 1973, du journal *Libération* ouvre la voie à l'expression publique de l'homosexualité. Son mot d'ordre tranche avec la presse de l'époque : « *Libération* sera ce que ses lecteurs en feront. » Ses petites annonces « Chéri(e) » accompagnent la libéralisation de la parole homosexuelle et marquent les esprits. Il y en a pour tous les goûts : « Homo cherche homo. Mec 28 ans employé barbu recherche copain barbu viril sensible pour partager amitié[22] » ; « Lesbos. Femme 30 ans souhaite tendre amie 30/45 ans pour partager vie simple et amour fou. Je suis sensible et juvénile, désespérée sans vous. Martine»; «Menu. Jeune pédé 26/27 ans mignon cherche copains mignons et sympas pour bonnes baises, aime sucer et être enculé. Joindre photo et lettre explicite. Bisous, Michel Jean Jacques.» Ou encore: «Les matins de pluie. J'aimerai rester avec toi au lit, ne pas aller au boulot, ne plus voir la gueule du patron. Les matins de pluie… petit cœur tendre 19 ans cherche très jeune cœur à aimer au masculin très singulier[23].»

Cette prise de position en faveur de l'homosexualité n'est pas sans risques et coûte un procès au journal en 1979 pour «outrage aux bonnes mœurs et incitation à la débauche[24]». Très rapidement, des figures des luttes homosexuelles entrent dans le journal, à l'image de Guy Hocquenghem en 1976, bientôt rejoint par d'anciennes Gazolines du FHAR comme Hélène Hazera ou Michel Cressole. Sans oublier le dessinateur, romancier et dramaturge argentin exilé, Copi. L'intérêt du journal pour la question homosexuelle est tel que Frank Arnal, cofondateur du journal *Le Gai Pied* en 1979, en parle en ces termes: «*Libération* a publié plus d'informations sur l'homosexualité en huit ans que l'ensemble de la presse quotidienne française depuis 1881[25].»

«CE GRAND BARBU? MAIS OUI… C'EN EST UNE…»

Depuis le mois de février 1971, il existe au sein d'Arcadie un Groupe des jeunes que les responsables de la revue décrivent en ces termes: «Quelques jeunes, conscients de leur isolement et de la difficulté qu'ils avaient de vivre leur homosexualité de façon équilibrée, ont décidé de se regrouper pour "faire quelque chose"[26].» Dans un élan d'ouverture peu commun, André Baudry leur donne l'autorisation de se réunir, conscient des enjeux qui leur sont propres. Mais l'influence marxiste au sein du groupe grandit et sa radicalisation progressive conduira à son expulsion de l'organisation arcadienne.

Un débat dans les locaux du Club met le feu aux poudres. S'il se déroule en apparence dans de bonnes conditions, les tensions entre les différentes générations sont palpables. Lors de la réunion suivante, Baudry refuse aux jeunes membres de se retrouver dans la salle habituelle. La discussion est moins consensuelle qu'à l'accoutumée:

la question des folles est évoquée et l'un des leaders du groupe, Jean-Jacques, propose d'aller s'enchaîner à une statue ou au palais de justice – les versions divergent. Le lendemain, Baudry, qui refuse toujours toute action militante, s'emporte contre lui et le somme de quitter le Club. Les dirigeants du Groupe des jeunes sont alors exclus d'Arcadie tandis que ses autres membres, opposés à l'autoritarisme de Baudry, se déclarent solidaires de leurs camarades et quittent l'organisation.

Ironie de la situation, à peine expulsé, ce qu'il reste du Groupe des jeunes se scinde en deux. Une première tendance, d'inspiration arcadienne, disparaît immédiatement. La seconde, qui prend le nom de Philandros[V], se compose à peine d'une quinzaine de personnes. La principale préoccupation de Philandros à la fin de l'année 1973 est celle de sa structuration[27]. Les réunions mensuelles se focalisent sur la rédaction de statuts d'une association qui ne peut être déclarée en préfecture, si elle affiche noir sur blanc son objet, du fait de son « atteinte aux bonnes mœurs ». Si la question des statuts du groupe est, dans un premier temps, omniprésente, c'est aussi que le traumatisme est fort : l'autoritarisme de Baudry pousse les membres de Philandros à s'assurer que personne ne puisse concentrer trop de pouvoir. En l'absence de local, les réunions se déroulent dans les appartements des uns et des autres. Ce n'est donc que par le bouche à oreille que de nouveaux garçons se joignent aux réunions, la seule activité politique du groupe.

En mai 1974, sur proposition d'un certain Alain Leroy, alias Jeanne d'Arc (il faut voir sa coupe de cheveux pour comprendre), le groupe change de nom et devient le GLH[VI]. En plus du nom, c'est la nature même de l'organisation qui va changer.

V. Philandros peut être traduit du grec ancien par « amour » ou « amitié pour l'homme ».
VI. Groupe de libération homosexuelle ou Groupe de libération homosexuel ? Ces appellations opposent deux visions du monde : ces groupes luttent-ils pour la libération sous toutes ses formes ou se mobilisent-ils exclusivement pour la libération homosexuelle ? Dans l'histoire des GLH, la perspective d'une libération homosexuelle peut être apparentée à une perspective communautaire du militantisme : une action politique tournée vers la communauté. Les groupes homosexuels pour la libération se fondent davantage sur une position politique révolutionnaire, où la libération doit s'effectuer sur de nombreux plans. Avec un rapport de force en faveur

Le tout nouveau GLH se dote alors d'un manifeste qui exprime dès son entame l'effort que les militant·es des dix années suivantes ne cesseront de renouveler, à savoir construire un mouvement politique homosexuel: «Notre groupe entend lutter pour la libération des homosexuels, hommes ou femmes; nous souhaitons réunir tous ceux qui veulent lutter efficacement contre l'oppression dont sont victimes les homosexuels. Tirant les leçons de l'expérience des organisations existantes, nous essayons de créer un mouvement qui puisse être un instrument de lutte efficace contre cette oppression[28].»

La rentrée de septembre 1974 sonne le début de l'action militante des GLH. Par un moyen simple: un tract. Au recto, le regard est immédiatement attiré par de gros caractères qui informent le lecteur ou la lectrice que « des enculés, des gouines, des gousses, des gougnottes, des jésus, des pédés, des tantes vous parlent[29] ». Dans les premiers temps, probablement par peur des implications, personne au sein du GLH ne souhaite diffuser ce tract aux termes aguicheurs. Heureusement pour le groupe, des rescapés de groupuscules postérieurs au délitement et à la disparition du FHAR le rejoignent. Car ces militants, sans doute plus rompus aux pratiques de propagande et aux coups d'éclat, multiplient les tractages semaine après semaine. Michel Heim, l'un des fondateurs du GLH, décrit ces moments avec malice: «Nous distribuons des tracts sous la banderole du Groupe de libération homosexuelle. Vous vous retournez: ce grand barbu…? Mais oui madame c'en est une… et si vous saviez. Madame s'enfuit, ne veut pas savoir[30].»

À l'automne 1974, le GLH se retrouve dans une situation inédite où les rescapés du FHAR côtoient ceux du Groupe des jeunes d'Arcadie. Une ambiance détendue règne, mais des tensions apparaissent et ne sont pas étrangères à ce qui pousse les garçons à rejoindre le groupe: militer pour la libération des homosexuels ou trouver des semblables – et pourquoi pas un amant? Ce que redoutent les fondateurs du GLH, c'est que «le seul souci de satisfaire notre libido

d'une perspective révolutionnaire, l'appellation Groupe de libération homosexuel s'imposera à Paris, mais aussi, dans les mois et années qui suivront, sur l'ensemble du territoire français.

l'emportât sur l'action "militante" pour laquelle nous étions en principe réunis[31] ». Si militantisme et drague peuvent théoriquement cohabiter au sein du groupe, une échelle de valeur est établie entre les deux : l'action politique doit primer. Il est cependant illusoire de supposer que l'ascétisme recherché soit aussi fonctionnel en pratique.

De fait, les homosexuel·les vivent une autorépression particulièrement forte, et la forme et les pratiques classiques du militantisme ne suffisent pas à l'enrayer. Pour cela, les rapports entre les militant·es doivent changer, ce pourquoi le GLH entend créer « un climat de confiance où chacun puisse se sentir à l'aise, panser ses plaies de la veille sans craindre le ridicule ou même l'indifférence[32] ». Ce besoin d'expérimenter de nouveaux rapports sociaux et de faire des GLH autre chose que des groupes militants classiques irriguera les groupes homosexuels et lesbiens jusqu'à la fin de la décennie. Au duo militantisme et rencontre d'un partenaire s'ajoute alors progressivement un troisième axe qu'on peut qualifier de développement de nouvelles formes de vie. Un courrier anonyme et tragique reçu par le GLH parisien illustre la nécessité de sortir de l'anonymat et de trouver des semblables :

> Paris le 9 mai
>
> Chers amis et amies,
>
> J'ai obtenu votre adresse dans un lieu d'aisance bien entendu…
>
> Je viens vous remercier pour la lutte que vous allez mener pour la « Libération » de tous les « Homos » des deux sexes. Raconter ma vie, risquerait de vous ennuyer, mais vous dire quel combat j'ai mené et que je mène encore… oui ? J'avais 21 ans lorsque j'ai été fait prisonnier en 1940. Dans un camp j'ai connu un homme marié, nous nous sommes aimés en cachette bien sûr. Les occasions seul à seul étaient très rares. Au retour, en 1945 j'ai décidé de changer ma vie, je savais qu'à la campagne il ne me serait pas possible de continuer. Donc après trois années de sagesse je me suis marié (mariage de raison), nous eûmes trois enfants. Les premières années me donnèrent quelques joies, et ensuite les sarcasmes se sont à nouveau éveillés en moi, j'ai lutté, je les ai refoulés, mes rapports sexuels s'espaçaient, de plus en plus. Dans mon esprit j'étreignais un *garçon*, je désirais la liberté perdue à jamais ; car lorsqu'on met des enfants au monde nous devons assurer leur existence. À présent ils sont grands et vivent à leur gré, et moi, je me retrouve face à face… regrettant tout de ma vie gâchée.

Il y a peu de temps j'ai rencontré un jeune garçon, j'ai été attiré par son regard, mais j'ai su freiner mes sentiments. Je lui ai conseillé, comme je vous le *demande* de le faire à beaucoup de jeunes de suivre leur destin, de vivre avec un bon copain afin qu'il n'y ait pas un jour à le regretter.

De tout cœur je voudrais vous aider mais rien n'est plus possible.

Bonne chance à tous.

X[33]

L'appel de « X » aura été entendu : le temps n'est plus aux regrets, il est à l'affirmation. L'année 1975 débute par un changement majeur : le GLH dispose désormais d'un local au 14, rue du Faubourg-Saint-Denis, partagé avec un groupe antimilitariste, et y tient des permanences régulières. Si le FHAR se composait d'une majorité d'étudiant·es, ici, « ce sont surtout des gens qui travaillent : cadres moyens, enseignants, employés, jeunes travailleurs[34] ». Les classes populaires et ouvrières sont peu représentées, en dépit d'une analyse politique fondée sur la lutte des classes. Ce sont dorénavant une trentaine de personnes qui distribuent régulièrement des tracts sur les marchés parisiens, affichent ou bombent le sigle du GLH sur les pissotières, hauts lieux de rencontres homosexuelles.

Mais ce nouvel élan est coupé en plein envol. Dans la nuit du 8 au 9 mars 1975, le local est plastiqué. Cette attaque a beau viser les militant·es pacifistes, les conséquences sont lourdes pour le GLH : sans lieu de réunion ni d'organisation, les responsabilités au sein du groupe se diluent autant que l'ambiance s'électrise et les tensions se multiplient. Des discussions sur la manifestation annuelle du 1er mai – à laquelle le FHAR avait participé en 1971 – divisent les militant·es. Le GLH doit-il y prendre part ? Certains ne le souhaitent pas, car la marche n'a à priori aucun lien direct avec l'homosexualité, et elle inscrirait le GLH sur l'échiquier politique. D'autres, qui incarnent des positions plus révolutionnaires que communautaires, estiment que le groupe se doit d'être présent aux côtés de toutes les forces progressistes et, dans la lignée du FHAR, de porter haut et fort une visibilité homosexuelle. Mais quel cortège faut-il rejoindre ? Celui des organisations et groupes d'extrême gauche qui défilent dans la matinée, ou bien celui des organisations syndicales et politiques classiques ? Tant qu'à faire : les deux !

Le GLH cherche aussi à participer à la journée nationale de la commémoration des déporté·es qui se tient fin avril, dans le but de rendre visibles les déporté·es homosexuel·les alors exclu·es du récit officiel[35]. Les associations présentes accusent le GLH de salir la mémoire des disparu·es, niant la déportation homosexuelle. Celles et ceux qui se présentent au mémorial avec une gerbe de fleurs en forme de triangle rose sont arrêté·es par la police et la gerbe est refusée.

Dès 1975, une centaine de membres du GLH tiennent une assemblée générale tous les quinze jours. En parallèle, ils, et parfois elles, constituent des comités de quartiers dont la principale vocation est de servir de groupes de parole. On rejoint un comité d'arrondissement selon ses amitiés et ses sensibilités politiques et non selon son lieu de vie. Malgré des tensions théorico-politiques de plus en plus fortes, l'unité du groupe est maintenue jusqu'aux vacances d'été. Cependant, en septembre, les antagonismes entre les différentes tendances, devenus trop criants, font exploser ce groupe rétrospectivement qualifié de GLH unitaire.

CHOISIS TA TENDANCE, CAMARADE !

Au cours de l'été 1975, Michel Heim, Alain Huet et Jean Le Bitoux, tous trois membres du premier GLH parisien, se rendent au Royaume-Uni pour le représenter au congrès de la Campaign for Homosexual Equality[VII]. En quête d'inspiration auprès d'un mouvement bien plus développé, ces trois militants participeront quelques mois plus tard à la direction des futures tendances parisiennes.

Après un automne placé une nouvelle fois sous le signe de fortes tensions entre les différents comités de quartiers, une rencontre du GLH est prévue les 13 et 14 décembre au centre international de la

VII. Fondée en 1964 au Royaume-Uni, la Campain for Homosexual Equality revendique dans une logique communautaire et réformiste l'égalité des droits entre homosexuel·les et hétérosexuel·les. Au milieu des années 1970, l'organisation compte près de 5 000 membres et une centaine de groupes locaux.

Villa Montsouris pour régler les différends. Avant la rencontre, le comité de quartier du 18e arrondissement, celui auquel appartient Michel Heim, envoie au GLH une pétition signée par tous ses membres qui entérine de fait sa scission. Il prend alors le nom de Groupe de libération des homosexuels, tendance Groupes de base (GLH-GB). Cette tendance communautaire, qui quelques mois auparavant s'opposait à l'existence de courants autonomes au sein du GLH, précipite l'éclatement du groupe.

Le comité de quartier du 11e arrondissement, animé entre autres par Jean Le Bitoux, a lui aussi déjà commencé à se structurer sous une nouvelle étiquette du nom de tendance Politique et quotidien (GLH-PQ). Lors de ce week-end de décembre, les conflits se cristallisent autour d'un texte rédigé sous pseudonyme par un certain Jacques Mao, qui assène notamment que « les ouvriers sont nos meilleurs alliés et les femmes nos pires ennemis[36] ». Un groupe de lesbiennes participant aux rencontres s'élève contre sa mise en débat, ce qui entérine une nouvelle scission, qui prend le nom de GLH-14 décembre – le jour de la scission –, à laquelle Jacques Mao et Alain Huet prennent part. À contre-courant de la majorité des militant·es, les sécessionnistes s'opposent au triptyque de la convergence des luttes entre mouvements homosexuel, féministe et ouvrier.

Après cette scission, tous ceux qui n'avaient choisi ni le GLH-GB ni le GLH-PQ rejoignent par défaut cette troisième tendance[VIII]. Même si, en réalité, pour la plupart de ses membres, la structuration du groupe et l'élaboration d'une ligne politique ne revêtent qu'une importance très relative. De fait, le GLH peut être appréhendé comme une entité d'inspiration situationniste aux principes libertaires qui ne s'intéresse que de façon très superficielle aux perspectives militantes. La tendance 14 décembre privilégie largement le vécu et ressemble peut-être davantage que n'importe quelle autre à un groupe de parole. De là découle le surnom de « salon de thé libertaire[37] » que lui accolent avec condescendance les militant·es des autres tendances. Au terme d'un an d'existence, le groupe se dissout. Quelques rescapés fonde-

VIII. Sans grande surprise, le GLH-14 décembre est non mixte.

ront alors Entropie, une instance de réflexion qui disparaîtra aussi vite qu'elle est apparue.

De leur côté, les garçons du GLH-GB sont désespérés[IX]. Tout ce qu'ils avaient cherché à éviter s'est finalement produit. D'après eux, les membres historiques du GLH unitaire se sont fait déposséder par les nouveaux et nouvelles venu·es aux aspirations radicales. Pour ceux qui envisagent leur militantisme dans une perspective communautaire, la pilule ne passe pas. Dès lors, le groupe se dote d'une structure rigide digne d'un parti politique : il doit être impossible de fourvoyer l'orientation de départ. Il rédige un manifeste qui pose les « principes fondamentaux de la charte d'adhésion au Groupe de libération homosexuelle », selon lesquels la lutte des membres du GLH-GB fait partie d'un « combat général dont l'objectif est de permettre à tout individu de vivre sa sexualité comme il le veut[38] ».

À la différence du GLH-14 décembre, le GLH-GB multiplie les initiatives publiques. Les distributions de tracts se poursuivent sur les marchés et devant des lieux spécifiquement fréquentés par des homosexuels, à l'image des « cinémas spécialisés » (c'est-à-dire des cinémas pornographiques). Aux côtés du Groupe des lesbiennes féministes (GLF) fondé en 1976, un groupe lesbien non mixte parisien, des membres du GLH déposent le 25 avril de la même année une gerbe à la mémoire des déporté·es homosexuel·les au Mémorial des martyrs de la déportation sur l'île de la Cité. Rejouant le scénario de l'année précédente, un ancien déporté piétine la gerbe, au prétexte qu'elle salirait la mémoire des millions de martyrs du nazisme. Le GLH-GB participe aussi aux fêtes de plusieurs organisations politiques, dont celles du Parti socialiste unifié (PSU) et de Lutte ouvrière (LO).

Surtout, à la fin du mois de juin 1976, le GLH-GB organise en collaboration avec le GLF un événement notable : une fête dans le bois de Vincennes. Le journaliste homosexuel Jean-Luc Hennig annonce le rassemblement dans les pages de *Libération* et établit un lien avec la commémoration des émeutes de Stonewall de juin 1969. La fête, qui semble avoir été discrète, sans « grande imagination[39] », voire

IX. Le GLH-GB est lui aussi non mixte.

complètement ratée pour certain·es, représente tout de même la première manifestation publique (hors des manifestations partisanes classiques comme celle du 1er mai) pour les homosexuel·les en France et rassemble entre 400 et 500 participant·es.

Malgré les stratégies mises en place par le GLH pour prendre part à la lutte de libération des homosexuel·les, la réalité du militantisme de la tendance Groupes de base doit être relativisée. Si le GLH veut participer à la construction du mouvement homosexuel français, les discours ne sont pas toujours à la hauteur des faits. Ainsi, alors que des GLH se développent sur l'ensemble du territoire depuis 1975, peut-être par méfiance, la tendance Groupes de base met à distance toute initiative de coordination nationale. Elle refuse de collaborer à la rédaction du *Bulletin des GLH province* qui doit servir à l'organisation d'une rencontre nationale entre les GLH. Comme le souligne Jacques Girard, un militant historique du GLH unitaire et auteur de la première histoire du mouvement homosexuel français, les positions du groupe « dans le domaine idéologique [font que] sa démarche le plaçait à contre-courant de la jeunesse radicalisée de l'époque qui baignait dans un discours très marxisant[40] ». Probable conséquence de cette inadéquation politique, le GLH-GB disparaît à son tour au mois de mars 1977. Là où il cherchait à fédérer un maximum d'homosexuels avec une plateforme idéologique minimale, il ne restait qu'un groupe marginal d'une trentaine de membres.

Ceux et celles qui vont occuper le devant de la scène se retrouvent alors principalement au sein de la tendance Politique et quotidien, pour qui la seule satisfaction catégorielle des revendications homosexuelles est une position insuffisante. En vue d'une lutte efficace, la question de l'homosexualité doit être pensée sur le plan général de la sexualité et de sa fonction sociale. Afin de clarifier les axes prioritaires du GLH, ses membres s'attellent à la rédaction d'un manifeste qui sera publié en janvier 1976 : « Notre groupe entend lutter pour la libération de l'homosexualité des hommes et des femmes. Nous souhaitons réunir tous ceux et toutes celles qui veulent lutter contre l'oppression dont sont victimes les homosexuels en particulier et contre le refoulement de l'homosexualité en général[41]. »

Le caractère révolutionnaire du GLH-PQ est énoncé sans ambages dans ce texte qui ancre le groupe dans une filiation directe avec Mai 68, le CAPR et le FHAR. Dressant le constat d'une crise du système capitaliste et de l'ordre moral bourgeois, ses militant·es affirment vouloir combattre le capitalisme aux côtés de la classe ouvrière. Mais leur volonté est aussi d'œuvrer à ce que le mouvement ouvrier dans son ensemble intègre leurs revendications et soit solidaire de leur lutte contre l'oppression. En parallèle, les militant·es veulent en finir avec la répression directe (étatique ou juridique) et les discriminations économiques et sociales qui entravent leur accès à l'emploi et au logement. Dans ce contexte, leur sexualité et leur vie affective ne peuvent s'épanouir : la culpabilité, la honte et la solitude générées par ce monde honni les enferment. En conséquence, le GLH-PQ revendique l'abrogation des lois contre l'homosexualité, la pédérastie et le travestissement, la fin de toute discrimination dans l'emploi et le logement, le droit à la libre disposition des corps et la reconnaissance de la sexualité des mineurs. Ce programme se construit progressivement lors d'assemblées générales bimensuelles à la faculté de Jussieu, rassemblant quelques dizaines de personnes, et dans un bulletin intérieur d'information et de débat, *Libido Hebdo*.

Dans son manifeste, le GLH-PQ affirme aussi soutenir les luttes féministes, ce qui se vérifie dans la rue. Le 6 mars 1976, le groupe participe à une manifestation du mouvement des femmes avec une banderole et plus de 3 000 tracts. Ses militant·es énoncent leur volonté de mener une lutte homosexuelle antiphallocratique :

Pourquoi les homosexuels défilent aux côtés des femmes ?

En tant qu'homosexuels, notre présence entre autres à la manifestation du 6 mars derrière le cortège des femmes, exprime notre contestation du pouvoir de mâle et notre lutte contre le mythe de la virilité.

En tant qu'homosexuels, mais conscients d'être « socialement » des mecs, nous nous battons contre le phallocratisme et y compris celui que peuvent encore véhiculer certains homosexuels.

En tant qu'homosexuels, nous sommes victimes de la répression de l'idéologie dominante qui ne tolère pas le refus de se conformer aux rôles masculins et féminins et au cloisonnement des structures sociales qui les sous-tendent.

Il n'y a pas eu de mouvement de femmes sans travail militant des lesbiennes, doublement réprimées par leur situation de femmes et de lesbiennes, ni de mouvement homosexuel sans l'irruption préalable d'un mouvement des femmes.

NOTRE LUTTE COMMUNE CONTRE LE PHALLOCRATISME NOUS RÉUNIT ICI[42].

La tentative de jonction des luttes se poursuit lors de la manifestation du 1er mai 1976 où le cortège du GLH-PQ suit celui du MLF, malgré l'intervention violente du service d'ordre de la Confédération générale du travail (CGT) qui cherche à empêcher les féministes et les homosexuel·les d'entrer dans la marche. Une façon d'expérimenter la nouvelle forme de relation théorisée par la tendance Politique et quotidien : la « convergence conflictuelle[43] ». Au-delà de ce qui sépare les militantes féministes de leurs camarades masculins, ces derniers, en pensant leur condition minoritaire, défendent l'hypothèse d'alliances ponctuelles avec la classe des femmes pour lutter contre le phallocratisme en tant que catégorie et forme de pouvoir.

Depuis sa création en décembre 1975 et jusqu'au début de l'année 1977, le GLH consacre temps et énergie à l'élaboration politique et théorique de son rapport à l'homosexualité. Cette production, qui n'est pas toujours des plus simples à aborder, est principalement le fait de quelques têtes pensantes du GLH, dont un certain Jean Nicolas – un pseudo – est la figure de proue. La tendance Politique et quotidien, régulièrement taxée de groupe d'« intellos » d'inspiration trotskiste, se fait aussi reprocher de ne pas prendre en compte la perspective du plaisir. Comme l'analyse avec ironie un certain Patrice : « En voulant réfléchir sur le quotidien et le politique, on relègue le quotidien dans la cuisine et la chambre à coucher, et au salon on parle de politique, de lutte politique des homosexuels dans les cadres classiques du travail, du syndicat[44]. »

Dans les mois automnaux qui suivent, l'action du GLH se veut plus concrète, plus proche de cette réalité quotidienne des homosexuels et des lesbiennes. Un an après sa naissance, le GLH-PQ tente difficilement de se défaire des réflexes militants que nombre de ses membres ont hérités de leur engagement à l'extrême gauche. D'autant que l'action se déroule aussi ailleurs, loin de Paris.

CHAPITRE 2

GLH MODE D'EMPLOI

POUR LES JEUNES HOMOSEXUEL·LES éparpillé·es sur l'ensemble du territoire, un même constat s'impose, terrible : ils et elles crèvent de solitude. « Nous devons être 10 000 dans la région mulhousienne, 10 000 qui crevons à petit feu, non parce que nous sommes des "malades", mais faute de pouvoir vivre librement[1] », se désole un tract du GLH de Mulhouse. Il serait cependant injuste de dire qu'il ne se passe rien nulle part. Dans certaines grandes villes, on trouve bien quelques bars et boîtes de nuit où vivre à visage découvert, comme Le Vert Galant à Bordeaux, dont les portes s'ouvrent tous les samedis soir. Mais ce n'est pas là qu'on s'émancipe, tant « les rôles, la séduction, le culte d'une certaine beauté font que les rapports individuels restent misérables[2] », analyse le GLH local. Et puis, est-ce suffisant de se libérer un soir par semaine lorsqu'on se cache le reste du temps ? Outre ce « ghetto marchand », il y a le « ghetto sauvage », c'est-à-dire les lieux de drague publics, majoritairement investis par les garçons, comme les parcs ou les pissotières, qui font le bonheur de certains. Mais l'expérience d'une sexualité immédiate et sans lendemain, doublée du risque d'être arrêté par la police ou attaqué par des « loubards », n'est pas réjouissante pour tous. La constitution des GLH en région cherche alors en partie à répondre à ce manque.

GUIDE PRATIQUE POUR LA CONSTITUTION D'UN GROUPE HOMOSEXUEL

Au mois de mars 1976, des GLH sont déjà constitués dans huit villes, en plus de Paris. Mulhouse a ouvert le bal en mars 1975, suivie par

Aix-en-Provence, Bordeaux, Lille, Marseille, Rouen, Strasbourg et Toulouse. Et des activités frémissent ailleurs.

À en croire les membres du GLH de Rouen, une ville bourgeoise à forte présence policière, « la situation ne semble ni pire ni meilleure que dans d'autres grandes villes de province[3] ». Les lieux de rencontre dans le ghetto marchand sont peu nombreux : une boîte « spécialisée », trois ou quatre bars et un restaurant. Le ghetto sauvage offre, lui, plus de possibilités. Il y a bien sûr les pissotières, mais aussi la gare sur la rive droite, le jardin Solférino (seulement du côté de la rue du Baillage), ou encore les alentours de l'église Saint-Maclou. En octobre 1975, grâce à un affichage à l'université, un petit groupe se rencontre pour parler d'homosexualité. Se tiennent alors des réunions régulières où une vingtaine de personnes apprennent à se connaître et échangent sur leur vécu. Dans un second temps seulement, l'envie apparaît « d'élargir la discussion, d'amener un débat sur l'homosexualité, une action vers l'extérieur, de créer un lieu de rencontre alternatif au ghetto des boîtes, et à l'isolement[4] ».

Comme à Rouen, la constitution d'un groupe résulte généralement de l'initiative d'une poignée de personnes. Pour elles, souvent de jeunes vingtenaires d'une petite ville ou de la campagne, l'entrée dans le GLH est la première rencontre avec un monde homosexuel – et parfois lesbien –, la plupart étant jusque-là cantonnées au placard. C'est dans les GLH qu'elles feront leur *coming out*, geste qu'il faut considérer comme une forme de militantisme en soi, tant le poids du stigmate et de la honte alimente les rouages de l'autorépression.

Parfois, l'initiative revient même à un seul individu, qui publie une petite annonce, le plus souvent dans *Libération*, telle une bouteille à la mer. Ainsi celle de Jacky Fougeray : « Cette lettre est un appel. Un premier appel pour la constitution d'un groupe d'homosexuels de débat, d'analyse et d'action sur Orléans. Depuis plusieurs mois, je suis décidé à tenter pour la rentrée une telle expérience. Je suis homosexuel, j'ai 20 ans et je suis militant révolutionnaire (communiste/libertaire pour être précis)[5]. » Ou encore celle-ci, digne d'un film d'espionnage : « Ça fait deux fois que l'on voit dans *Libé* l'annonce demandant aux personnes intéressées d'Angoulême et de sa région à créer un GLH, de venir avec *Libé* sous le bras, square du Palais[6]. »

Dans l'*Agence Tasse*, un bulletin d'information du mouvement naissant, on trouve d'autres invitations: « Pour créer un GLH à Grenoble, homosexuels et homosexuelles, venez le mardi 11 mai (première réunion) à partir de 20 heures au MLAC Choisir, 10 rue Voltaire. Si vous ne pouvez venir, écrivez à la même adresse au GLH, bien sûr à 38000 Grenoble[7]. » Faire paraître une annonce dans un journal souligne l'isolement dans lequel se trouvent certaines personnes et leur besoin de rompre la solitude. Mais aussi la détermination de ces dernières à agir.

Or, les petites et moyennes villes n'offrent pas la même protection de l'anonymat que les grandes métropoles. Les interactions ont lieu dans un espace social plus serré et, par conséquent, militer dans un groupe homosexuel signifie exposer potentiellement son homosexualité à ses proches. De fait, comme l'écrit Jean Nicolas, dans une petite ville, « on ne peut pas faire comme beaucoup font à Paris, à savoir travailler de façon anonyme par rapport au reste de sa vie, militer de la même façon, être homosexuel également et militant homosexuel idem[8] ».

Les membres d'un GLH se heurtent aussi aux forces politiques et militantes locales qui ne font pas toujours preuve de progressisme, en dépit d'un ancrage à gauche ou à l'extrême gauche. Jean-Michel Rousseau – alias Mélanie Badaire –, membre du GLH rennais, se souvient ainsi d'une réunion à l'Office social et culturel de la municipalité où le représentant de l'association France-URSS, en réponse à une demande formulée par le GLH, s'exclama : « On ne va pas quand même subventionner les tubes de vaseline[9] ! » Ambiance.

N'était-il alors pas plus simple pour ces garçons et ces filles de fuir vers la grande ville et particulièrement la capitale, Paris ? La notion de « mise à distance », développée par la géographe Marianne Blidon, permet de saisir cette réalité[10]. Les hommes qui aiment les hommes et les femmes qui aiment les femmes doivent souvent quitter le lieu où ils et elles ont grandi et vécu leurs premiers émois homosexuels pour espérer affirmer leur identité. Mais cette mise à distance n'a pas à passer par une fuite vers la grande ville pour être opérante, elle peut aussi se dérouler à un échelon local. Parfois, quelques kilomètres suffisent pour entamer une nouvelle vie.

À l'instar de nombreux mouvements du sujet minoritaire, l'une des fonctions essentielles d'un GLH est d'offrir un espace de parole, parfois qualifié d'autoconscience. « Le GLH : une organisation pour toi, pour nous. Il s'agit tout d'abord de rompre l'isolement en se rencontrant, savoir que tu n'es pas le seul, que d'autres existent, que des relations sont nécessaires et possibles[11] », écrit celui de Marseille. Le désir d'un véritable militantisme n'apparaît qu'après ce premier temps d'affirmation identitaire individuelle. Au sein de ces groupes, dans ces espaces où la parole doit être libre et libératrice, les militant·es construisent progressivement une confiance – en eux, en elles et dans les autres – qui leur permet de prendre part à l'action militante menée par leurs camarades.

Aussi, il ne faut pas perdre de vue que ces groupes politiques se doublent d'espaces amicaux et amoureux. Nombre de jeunes militant·es rejoignent les GLH par simple envie de rencontrer quelqu'un·e – et pourquoi pas le prince charmant révolutionnaire ! Jacky Fougeray, toujours dans son annonce parue dans *Libération,* invite ainsi « tous les homosexuels(elles) intéressés à divers titres (car il ne saurait être question de dissimuler l'inévitable caractère affectif et sexuel d'un tel regroupement, même si ce n'est pas sa raison d'être) par un tel projet[12] » à prendre contact avec lui. Leçon : la drague peut mener au militantisme. Cette recherche ne garantit néanmoins aucun résultat, et comme l'écrit le GLH de Mulhouse de façon quelque peu ironique, soit « ils trouvent l'âme sœur… et ils disparaissent la main dans la main », soit « ils ne la trouvent pas… et ils disparaissent, seuls et déçus par le GLH[13] ! » De quoi expliquer l'important roulement des membres au sein des groupes.

Passé les premiers temps où se retrouver chez les un·es et les autres est le cadre idéal pour parler de soi, le besoin de disposer d'un local se fait pressant dès lors qu'il s'agit de recruter de nouveaux membres. Il n'est pas difficile d'imaginer que peu de propriétaires acceptent de louer leur bien à des homosexuel·les, une solution par ailleurs souvent trop chère pour ces groupes naissants. Les complicités et solidarités avec d'autres organisations et commerces remédient à cette situation. Le GLH de Bordeaux prend ainsi ses quartiers dans l'arrière-salle de la librairie LIB 33, alors que celui de Rennes se réunit à La Dialectique sans peine. L'éphémère GLH toulousain, lui, trouve refuge à la librairie Demain. Ces librairies ont un avantage certain : celui ou celle qui vient pour la première fois à une réunion peut déambuler dans les rayons et jeter quelques coups d'œil furtifs vers l'arrière-salle avant de rejoindre – ou non – l'assemblée.

À Rouen, en janvier 1976, le GLH parvient à se faire prêter un local par un club de science-fiction, où il tient une permanence deux fois par semaine. L'action du groupe ne démarre véritablement qu'à ce moment-là. Le noyau dur passe alors à une dizaine de personnes (dont une seule lesbienne). Des réunions associées aux permanences ont lieu chaque semaine. L'une des premières actions publiques est la distribution, dans les rues, les marchés et les différentes facultés, d'un tract imprimé à 3 000 exemplaires et titré : « Pourquoi avez-vous peur des homosexuels, pourquoi avez-vous peur de votre homosexualité ? » Il fait la promotion d'un « local communautaire », « ouvert deux fois par semaine », et « pas seulement à des "militants" potentiels[14] ».

Il apparaît assez vite aux différents GLH que si la dimension de groupe de parole est primordiale, elle reste insuffisante. Les groupes élaborent alors une réflexion théorique sur le sens d'un engagement homosexuel, qui passe très majoritairement par l'écriture de manifestes incisifs et radicaux. Celui du GLH d'Alsace (qui regroupe les GLH de Strasbourg et de Mulhouse) annonce la couleur : « Notre groupe entend lutter pour la libération de l'homosexualité des hommes et des femmes. Nous voulons réunir tous ceux et toutes celles qui veulent lutter contre l'oppression dont sont victimes les homosexuel(le)s et contre le refoulement de l'homosexualité en général[15]. »

Leur lutte ne se limite pas à « secourir » les homosexuel·les ; au contraire, elle entend s'attaquer à la société en général. De fait, la majorité des GLH adoptent des revendications clairement anticapitalistes et révolutionnaires. « Il ne peut exister de liberté pour les homosexuel(le)s ou même de liberté sexuelle dans le cadre d'une société basée sur l'oppression et l'exploitation», affirme celui de Rennes. « Notre action est nécessaire, n'en déplaise à certaines organisations dites de gauche, et ne sera victorieuse que si elle s'insère dans la lutte générale contre le système, au même titre que toute minorité socialement opprimée (au coude à coude avec les immigrés, les minorités linguistiques et culturelles, les taulards, les psychiatrisés, etc.)[16]. » À Orléans, le GLH considère dans sa plateforme qu'il faut « lutter dans l'ensemble du mouvement révolutionnaire pour que la révolution à venir soit totale et ne fasse pas le sacrifice de la libération des sexualités au profit de l'économique[17] ».

Deux réflexions structurent donc l'orientation politique des groupes : tant que le capitalisme existe, toute libération est impossible ; et il faut s'intégrer au courant révolutionnaire afin qu'il ne fasse pas l'impasse sur les revendications des mouvements du sujet minoritaire au profit de la seule lutte des classes. C'est uniquement à la suite de l'élaboration d'une ligne politique que les GLH naissants se lancent dans des mobilisations et des actions concrètes : distribution de tracts sur les campus et les marchés, organisation de réunions publiques, de fêtes, etc. Sans oublier que certaines activités ne sont pas toujours visibles. Nombre de militant·es se consacrent ainsi à la correspondance avec ceux et celles qui ne trouvent pas le courage de venir à une permanence des groupes, ou qui vivent trop loin, souvent à la campagne mais qui ont besoin d'échanges ou d'informations.

À la fin de l'année 1977, d'après les militant·es, 31 GLH quadrillent l'Hexagone. Trente et un groupes qui, de façon autonome, se sont approprié le sigle GLH pour mettre sur pied un mouvement homosexuel à l'échelle du territoire. Choisir le même acronyme – malgré différentes graphies et lignes politiques – produit une force collective nouvelle et le sentiment que les camarades sont légion.

FAIRE MOUVEMENT

Le mouvement naissant est pour autant fragile. Les groupes à l'autonomie politique et organisationnelle revendiquée naissent, meurent et renaissent de leurs cendres au gré des dynamiques internes. Après un an d'existence, le GLH de Rouen constate que « l'enthousiasme du début est tombé. C'est pratiquement le point mort depuis la rentrée[18] ». Passé l'entrain initial, on redoute l'enlisement et la routine. Il devient alors essentiel d'entreprendre une action militante tournée vers l'extérieur. En parallèle, les GLH qui viennent de se constituer et expérimentent encore les bienfaits de la libération de la parole font preuve de méfiance vis-à-vis d'une quelconque bureaucratie et de sa rigidité organisationnelle. Le développement d'une ligne politique pour le groupe compte moins que le besoin de trouver de nouvelles formes relationnelles et de fuir la misère sexuelle. Ces réalités locales disparates rappellent la nécessité de mettre en place des cadres pour l'organisation du mouvement, mais dans quelle direction les orienter ?

Dès l'été 1976, une réflexion émerge à ce propos dans certains groupes où la tendance parisienne Politique et quotidien domine. Les membres y théorisent trois directions : instaurer une communication efficace entre les groupes, définir une mobilisation nationale pour les GLH et concrétiser des rencontres nationales entre toutes les entités. Il faut souligner que dans les premières années du mouvement, le groupe parisien occupe une place prépondérante, épaulant et soutenant matériellement certains GLH.

Pour mieux coordonner la mobilisation et réduire l'isolement de chaque groupe, le premier numéro du *Bulletin des GLH province* paraît au printemps 1976, où l'on trouve textes, présentations et informations transmises par une dizaine de groupes. En parallèle est fondé le périodique *Agence Tasse*. Son titre évocateur fait évidemment allusion à la tasse en porcelaine reproduite sur la première page de chaque numéro, « celle du thé de la femme au foyer[19] » que l'on boit de façon maniérée le petit doigt en l'air, stéréotype de l'inverti, ainsi qu'au même mot qui, en argot, désigne les pissotières. Mais c'est aussi un clin d'œil malicieux aux organisations de gauche et d'extrême gauche encore hostiles à l'homosexualité en tant que projet politique : l'agence TASS (Telegrafnoïe Aguentstvo Sovietskovo Soïouza) est la principale agence de presse soviétique. De quoi faire fulminer le Parti communiste français (PCF). Si l'*Agence Tasse* est un bulletin de partage d'informations, d'annonces et de formes de vie homosexuelles qui perdurera jusqu'en 1979, malgré des moments de doute et parfois un manque d'énergie, de temps et d'argent, les rédacteurs lancent dès avril 1977 une revue intitulée *Diff/Éros* afin de donner davantage de place aux réflexions théoriques du mouvement.

Pour consolider le mouvement, les militant·es s'attellent par ailleurs à la constitution d'un réseau. Dans un premier temps, cela passe par des retrouvailles informelles – notamment à Paris où l'offre festive est attrayante – afin d'échanger sur les réalités, les projets et les difficultés rencontrées dans les groupes. Puis, dès mars 1976, émergent des envies de rencontres nationales. La première du genre se tient les 26, 27 et 28 mai 1977 à La Baume-lès-Aix, près d'Aix-en-Provence. Mal organisée, elle accueille très peu de monde.

Lors de ce rendez-vous, les militant·es prennent conscience de leurs différends politiques et des spécificités de chaque groupe, premiers obstacles à la constitution du mouvement. Un « militant de province » – c'est ainsi qu'il se désigne – souligne que les petites délégations n'arrivent pas à trouver leur place dans un espace largement monopolisé par la tendance Politique et quotidien qui fait figure de locomotive du mouvement. Il constate aussi que lui et ses camarades « provinciaux » ne représentent que de la « chair fraîche[20] » pour les militants parisiens, ce qui complique sans aucun doute le processus d'organisation.

En dépit de ces difficultés, le mouvement poursuit sa structuration. L'histoire du GLH de Montpellier est à ce titre représentative de la dynamique du mouvement en région à la fin de la décennie. On aimerait imaginer André Gide errant le long de l'esplanade du Jardin des plantes de cette cité universitaire où il a passé une partie de son enfance, ou bien l'importante population homosexuelle de la ville se rencontrant furtivement à l'ombre des édifices historiques, mais Montpellier n'est pas l'eldorado des homosexuels et des lesbiennes. Comme ailleurs, la vie s'articule autour de quelques lieux commerciaux et d'un ghetto sauvage soumis à la répression policière et aux agressions.

Au cours de l'année 1976, un premier groupe rassemble exclusivement des lesbiennes. Début 1977, elles ne sont plus que six, sans perspective. Quelques mois plus tard, lors d'une fête sur l'esplanade du Jardin des plantes, le GLH à peine reconstitué distribue des tracts où il raconte « le désir qui l'anime de lier sa lutte pour le droit à la différence à celles plus générales des classes sociales exploitées par la bourgeoisie actuellement au pouvoir[21] ». Mais c'est à l'automne, quand le GLH monte une Semaine de cinéma homosexuel à laquelle assistent 150 personnes, que le groupe prend vraiment de l'ampleur. De nombreux homosexuels et lesbiennes rejoignent alors le GLH qui organise en décembre une fête à laquelle participent près de 200 personnes, du jamais vu à Montpellier.

Par ailleurs, à Paris, deux événements symboliques de la subtile combinaison des modes d'intervention politique du mouvement vont donner un coup de fouet à la mobilisation. D'abord, une Semaine homosexuelle au printemps 1977, au cours de laquelle des projections de films servent de prétexte au débat[22]. Leur but : attirer de nouveaux et de nouvelles militant·es, mais aussi proposer un espace de sociabilité et de discussion à des personnes qui ne fréquentent pas les cercles militants. Du 20 au 26 avril 1977, près de 5 000 spectateurs et spectatrices se relaient dans les deux salles du cinéma Olympic, faisant de cet événement homosexuel le plus grand jamais organisé en France. « C'était la première fois que, dans une même salle, on a vu autant d'hommes et de femmes ensemble, on a vu autant d'homosexuels inorganisés ou venant des GLH, de groupes chrétiens, d'organisations politiques diverses, d'Arcadie même[23] », écrit un militant. Et où, pourrait-on ajouter, tous ces gens se rencontrent, se mélangent et affirment leurs points de vue. Le journal *Libération* se fait quotidiennement l'écho des sujets discutés lors de ces journées : « travestismes », « sexualités des enfants » ou encore « l'homosexualité face à la gauche[24] ». L'agitation politique et culturelle autour de la « question » homosexuelle n'a jamais été aussi visible.

La tenue d'une marche en juin 1977 est elle aussi un symbole fort. Un mois plus tôt, les GLH avaient déjà défilé dans les cortèges du 1er mai à l'appel de la coordination nationale. D'après *Libération*, près de 1 000 « pédés » et lesbiennes avaient battu le pavé derrière le cortège féministe au cri de « Le ghetto, c'est foutu : les homos sont dans

QUAND LES FEMMES
S'AIMENT
LES HOMMES
NE RECOLTENT PAS

la rue». Le journal mentionnait alors un «moment historique pour la lutte des homosexuels en France[25]». Mais, en ce mois de juin 1977, pour la première fois dans l'histoire du mouvement, il s'agit d'une manifestation homosexuelle autonome, bien que largement soutenue par le mouvement féministe. Cinq cents personnes arpentent les rues de Paris entre la place de la République et la place des Fêtes. En début de cortège, les pancartes des lesbiennes laissent les badauds abasourdis: «Les homosexuelles se reproduisent de bouche à oreille». Ou encore: «Une femme sur deux est homosexuelle, l'autre est lesbienne». Derrière, les garçons, dont les slogans affirment l'internationalisme du mouvement et un soutien à leurs camarades étatsunien·nes aux prises avec la campagne homophobe d'Anita Bryant pour faire renvoyer les enseignant·es homosexuel·les: «Moscou, New York, Pékin, Cuba et Santiago, à bas la répression des homos[26]». Cette marche anticipe une dynamique de lutte contre la répression qui deviendra centrale dans les années suivantes.

«NOUS N'AVONS PAS DE MARX PÉDÉ»

Dans le sillage des féministes qui, depuis le début de la décennie, affirment que «le privé est politique», tous les GLH souhaitent marquer une rupture avec le militantisme «classique». De Mulhouse à Bordeaux, les militant·es développent le concept de «militance» pour remplacer celui de «militantisme». Pour Alain Lecoultre et Jean Cavailhes, tous deux originaires de Dijon (le premier a quitté sa ville natale pour la capitale, le second y est resté), rejoindre un groupe homosexuel, c'est refuser la coupure entre une vie publique, le jour, qui serait respectable, et une vie privée, la nuit, qui devrait être clandestine. La militance homosexuelle anéantit cette frontière érigée par la bourgeoisie, c'est un engagement total: «Notre vie même devient militance; ne pas se cacher de la concierge, des voisins, des collègues de travail, de tous les autres, implique une militance quotidienne, faite de mille et un détails qui n'en sont pas moins importants qu'une manif du 1er mai[27].» Surtout, elle ne peut se réduire à un ensemble de revendications ou de pratiques du militantisme classique: «C'est

tout autre chose que de distribuer un tract, organiser une lutte [...]. Être "gai", c'est aussi apprendre à vivre, à jouer, à se connaître, à se reconnaître par les autres et à travers eux dans le groupe[28]. » Cette dimension existentielle de la militance, dans le sens où elle implique l'entièreté de leur être, doit permettre aux militant·es de renouer avec eux et elles-mêmes. D'une certaine façon, il s'agit de réapprendre à vivre.

Et puis il y a la fête. Si celle-ci est un moment politique, il devient possible de la célébrer partout. Les membres du FHAR avaient déjà intégré au cortège du 1er mai 1971 une touche d'exubérance et de provocation festive – cette pratique se poursuivra tout au long de la décennie. Les manifestations sont de formidables moments pour affirmer son existence dans la joie et le glamour, comme le 1er mai 1979 à Lyon[29]. Le GLH arbore une énorme banderole : « Pédés et lesbiennes en lutte ». *Libération* commente prudemment : « Un froid parcourt l'assistance au moment du déploiement de cette bannière qui n'est pas normalisée "lutte des classes"[30]. » *Le Progrès*, lui, s'indigne devant la trop grande visibilité du GLH : « Une bande dorée attirait particulièrement l'attention. Le Groupe de libération des homosexuels n'avait pas choisi la sobriété. Sautillant et lançant des petits "hou hou", ils souhaitaient visiblement perturber la majorité silencieuse. C'est un moyen assez efficace, il est vrai, de déclencher la remise en cause de certains tabous. » Mais le journal s'inquiète : « Est-ce le meilleur pour obtenir le droit d'assumer librement sa sexualité ? Le problème est suffisamment grave pour qu'on dépasse vite certaines démarches infantilisantes[31]. »

La militance homosexuelle, toujours selon Lecoultre et Cavailhes, rend aussi possible un mouvement aux identités homosexuelles multiples : « l'antihétéro viscéral, la folle, la folle lesbienne, le pédé en attaché-case, la lesbienne un peu bi et celle qui se sent "pure et dure", la virilité, la tendresse ou la complicité[32] ». Autant de formes précieuses pour contrer le risque de normalisation du mouvement et valoriser d'autres façons d'être ensemble. « Il est tout aussi important d'organiser des bals, des bouffes, des fêtes où l'on viendra pour s'amuser, pour draguer, pour s'aimer, pour vivre autrement que dans le

HOMOSEXUEL
33p0,85

ghetto, et ce sera un type d'activité directement politique, aussi important pour construire le mouvement "gai" qu'un tract ou un collage d'affiches[33]. » Se nouent alors des amitiés et des histoires d'amour, pour un soir ou beaucoup plus, qui tranchent avec les conceptions d'un militantisme classique. De fait, les relations entre les groupes et les militant·es sont très tendres. La majorité des courriers et écrits des GLH sont adressés aux « copains » et « copines », aux chéri·es et autres diminutifs affectueux. La plupart des échanges se concluent par des « bises » et des « bisous ». Inventer de nouvelles formes de relations en dehors du modèle patriarcal relève d'une démarche politique. À l'image d'une partie de la jeunesse en rupture avec l'ordre établi, la vie en communauté (en squat ou dans de grandes colocations) est alors courante chez les militant·es, ce qui participe aussi au remodelage des différentes formes de relations.

Les débats autour de l'identité homosexuelle jalonnent toute l'histoire du mouvement et sont ponctués de questions fondamentales : existe-t-elle ? Que partagent une ouvrière lesbienne et un patron homosexuel ? L'homosexualité est-elle un facteur de mobilisation en soi ? Les militant·es ont pour beaucoup le sentiment de partir de nulle part et de n'avoir aucune histoire. Tout serait à inventer. Lors d'un débat à Lyon, cette idée est exprimée de façon imagée, à la sauce marxiste : « Popaul : Nous n'avons rien à réciter parce que nous n'avons pas de textes antérieurs à nous. Quand notre parole se met en action, c'est une parole du corps, pas seulement de la tête. C'est la différence avec le "militantisme classique". [...] Vonvon : Effectivement, on n'a rien derrière nous, on n'a pas de Marx pédé[34] ! »

C'est pour résoudre cette supposée absence de référentiel que les militant·es s'attaquent au concept d'identité homosexuelle, tant pour la construire que pour l'anéantir[35]. Âprement discutée et débattue au sein des groupes, sa définition semble être un prérequis à toute action extérieure, afin de déterminer quelle lutte mener, pour qui et avec qui. Pour une large majorité des GLH, une chose est sûre : être homosexuel·le ne facilite en rien les alliances. Selon le GLH de Bordeaux, assumer son homosexualité ne garantit aucune émancipation : « Ce n'est pas notre rôle d'impulser le rassemblement des homosexuels sur le seul fait de leur homosexualité. Le ghetto le fait déjà et nous savons quelles contradictions cela cache. En effet, si l'homosexualité peut être un facteur de radicalisation politique, elle peut aussi être parfaitement intégrée, récupérée commercialement, et beaucoup de pédés sont prêts à défendre le système capitaliste[36]. »

La tendance Politique et quotidien de Paris a consigné dans différents bulletins internes ses réflexions sur le sujet. Pour elle, le concept d'identité homosexuelle est une distinction créée de toutes pièces par la culture bourgeoise entre l'individu homosexuel et celui qui constitue la norme, c'est-à-dire « l'individu hétérosexuel, monogame, procréateur[37] ». Si les classes dominantes empêchent l'expression de l'homosexualité, c'est parce que son refoulement serait le ciment des institutions patriarcales (l'école, l'armée, la police, l'Église, la famille). Et son acceptation grandissante par la société ne doit tromper personne. La pseudo-tolérance dont fait preuve le pouvoir envers l'homosexualité – et d'autres sujets minoritaires – n'est qu'une stratégie du capitalisme : intégrer la critique pour annihiler la menace qu'elle représente.

En clair, la seule façon d'en finir avec l'identité homosexuelle est de s'inscrire dans le courant révolutionnaire, comme en témoigne le slogan « Pas de révolution socialiste sans révolution sexuelle, pas de révolution sexuelle sans révolution socialiste ». L'identité homosexuelle pose donc la question du combat que les militant·es veulent mener : un combat homosexuel pour une communauté (comme le défend la tendance communautaire), ou un combat politique contre l'ordre dominant (comme le proposent les révolutionnaires).

La critique la plus saillante faite à la tendance communautaire est qu'elle enferme l'homosexuel·le dans un ghetto. Et le « ghetto » est l'un des sujets qui occupe le plus les théoricien·nes de l'identité homosexuelle. L'abécédaire du journal *Interlopes* du GLH de Lyon en propose une définition : « Ce sont des lieux de rencontres (saunas, quais...) souvent décrits en termes d'aliénation par les pédales radicales qui ne fréquentent pas ces lieux et qui sont effectivement aliénants pour ceux qui ne peuvent vivre leurs désirs que dans ces lieux-là[38]. » Les militant·es en distinguent deux types : le « commercial» (boîtes de nuit, sexshops et autres saunas) et le «sauvage» (parcs, berges, pissotières et autres lieux de drague et de sexualité en plein air). De fait, les «pédales radicales», dans leurs tracts et manifestes, font du ghetto l'une de leurs principales cibles en affirmant vouloir le détruire.

L'existence même du ghetto confine ceux qui sont en quête d'une rencontre ou d'un amant à un vécu nocturne. Le ghetto restreint les rapports à ces espaces de drague où se répercutent les sentiments d'infériorité et de culpabilité déjà éprouvés au quotidien. Finalement, le ghetto conduit à une vie qui peut être particulièrement cloisonnée, avec d'un côté une façade «normale» (au travail, dans la famille, etc.) et de l'autre une vie inavouable.

En bon·nes théoricien·nes marxistes, certain·es militant·es examinent les formes du ghetto d'après une lecture de classe. Le ghetto marchand correspondrait aux classes moyennes et supérieures, alors que le ghetto sauvage, lui, serait destiné aux couches les plus populaires. Sans surprise, la répression est principalement dirigée vers les lieux de drague en dehors des logiques commerciales. Dans le ghetto sauvage, la menace permanente d'une descente policière et la présence de «casseurs de pédés» créent culpabilisation et tension, et engendrent, conséquemment, une «agressivité qui rend difficile toute forme de communication autre qu'une consommation sexuelle hâtive et sans lendemain[39]». Si la réalité dans le ghetto marchand est moins anxiogène, les rapports sociaux qui s'y jouent sont fondamentalement marqués par leur caractère mercantile, excluant ainsi toute communication ne passant pas par l'apparence. Il y règne un certain culte de la beauté, figé dans des représentations normées et stéréotypées du corps du jeune éphèbe.

Les théoricien·nes continuent. Le ghetto marchand est lui-même divisé en deux catégories. D'un côté, des boîtes huppées pour un public aisé et, de l'autre, des boîtes plus populaires pour les homosexuels chassés du ghetto sauvage. Les penseurs et penseuses révolutionnaires craignent que le pouvoir ne cherche à supprimer le ghetto non marchand en assainissant les lieux de drague en plein air (aseptisation des villes oblige, les pissotières commencent à être enlevées), tout en favorisant l'extension du ghetto commercial sur lequel il pourrait plus facilement exercer son contrôle. Mais si le ghetto existe, c'est bien parce que l'homosexualité est rejetée du corps social, aussi continuera-t-il d'exister tant que les homosexuels seront opprimés. Dans cette perspective, la lutte contre le ghetto doit d'abord passer par la dénonciation de la répression.

Or, les militant·es notent un paradoxe : la libéralisation de l'homosexualité a permis l'extension sans précédent du ghetto et des bénéfices qu'il génère. Tant que l'homosexualité était reléguée dans les recoins les plus sombres de la marginalité et de la honte, le circuit commercial ne pouvait se développer qu'en marge. La plus grande acceptation de l'homosexualité a favorisé la multiplication de lieux commerciaux et, de ce fait, a renforcé l'exploitation capitaliste et l'expansion du ghetto. Celui-ci doit donc être combattu parce qu'il pousse les homosexuel·les issu·es des milieux populaires à délaisser leur conscience de classe et à s'identifier à une identité homosexuelle standardisée reposant seulement sur la sexualité.

Cette question du ghetto croise un autre débat qui parcourt l'histoire du mouvement de part en part. Les personnes homosexuelles devraient-elles revendiquer un droit à la différence ou un droit à l'indifférence ? Le droit à l'indifférence renvoie à l'idéologie arcadienne : ne pas faire de vagues et s'intégrer sans bruit dans la société hétérosexuelle. Le droit à la différence est porté par celles et ceux qui affirment avec force l'idéologie du *coming out* et défendent l'existence de réalités sociales, politiques et culturelles différenciées de celles du monde hétérosexuel. Dans ce cadre, certain·es voient alors dans le ghetto un espace de retrouvailles et d'épanouissement.

Cette analyse est loin d'être unanimement partagée. Pour une large partie du courant révolutionnaire qui s'attaque à la logique du ghetto, « ce droit à la différence est un statut octroyé par l'hétérosexualité dominante, une reconnaissance de leur différence située au niveau d'une différence de pratique sexuelle. Il accompagne un aménagement du ghetto qui devient le lieu où la différence est autorisée à se dire[40] ». Mais si la différence peut s'y exprimer à visage découvert, elle doit aussi s'y cantonner. Toutefois, cette injonction doit être combattue. La question du ghetto semble donc insoluble : la théorie politique, la misère sexuelle et la réalité quotidienne des homosexuel·les ne font pas bon ménage. Ou comme le résume le slogan toujours d'actualité : « Un jour j'irai vivre en théorie, parce qu'en théorie tout se passe bien ». Ces discours dogmatiques trouvent en réalité très peu d'écho chez la majorité des homosexuel·les et creusent progressivement un fossé entre le mouvement et les personnes qu'il affirme vouloir défendre.

Le conflit autour de l'identité homosexuelle s'était d'abord joué entre les tendances Groupes de base et Politique et quotidien. La première entendait lutter pour le sujet homosexuel dans une approche communautaire : chaque homosexuel·le est opprimé·e, ce qui implique une lutte sans distinction pour son émancipation. La seconde s'inscrivait dans une perspective révolutionnaire de lutte des classes : parce qu'un ouvrier pédé n'avait rien à voir avec un pédé petit-bourgeois, et parce que l'identité homosexuelle avait été inventée par la bourgeoisie, il fallait la détruire.

Cette opposition, binaire, trouve de nouvelles ramifications dès la fin de l'année 1977. De la branche révolutionnaire se détache un courant qui commence à défendre une identité homosexuelle radicale – radicale plus que révolutionnaire au sens marxiste. Les liens avec l'extrême gauche sont reniés et il n'est plus question de grand soir. Cette branche s'oppose à celle, plus rigide, du courant trotskiste et cherche à faire exploser tous les cadres, dont l'identification à l'acronyme GLH, jugé restrictif. Ces actes de rupture forts constituent la première évolution majeure du mouvement homosexuel français depuis 1974. D'un côté, les GLH et leur approche structurée du mouvement et, de l'autre, des entités fraîchement créées qui se rebaptisent et adoptent d'autres perspectives politiques. Plusieurs groupes, à partir de 1977, offrent au mouvement une nouvelle tendance : la Mouvance folle lesbienne (MFL), à Aix-en-Provence, dont l'un des membres, Patrick Cardon, se présente par provocation aux élections municipales de 1977 ; mais aussi les Folles radicales à Paris, ou encore Les Gouins celtes à Rennes. Ces groupes feront voler en éclats les cadres de l'identité[41].

CHAPITRE 3

ALLIANCES ET MÉSAVENTURES DU MOUVEMENT HOMOSEXUEL

À Berlin, le 8 octobre 1904, Anna Rüling, militante féministe et lesbienne, demandait : « Quel intérêt le mouvement des femmes a-t-il à résoudre la question homosexuelle[1] ? » Elle critiquait le mouvement féministe allemand, qui n'avait pas « levé le petit doigt » en faveur de l'émancipation homosexuelle, et plaidait pour une solidarité entre les deux. Soixante-dix ans plus tard, la question de la convergence entre les mouvements féministe et homosexuel et les autres composantes des mouvements pour l'émancipation ressemble fort à un éternel recommencement.

Les militant·es homosexuel·les ont pour beaucoup déjà milité avant de rejoindre un GLH, que ce soit dans les partis et organisations d'extrême gauche, ou dans les mouvements féministes qui grondent depuis le début des années 1970. Grâce à leur perspective de libération, les GLH permettent aux militant·es d'expérimenter l'homosexualité en tant que geste politique et de mener une lutte sur différents fronts.

UNE « CONVERGENCE CONFLICTUELLE »

Dans la majorité des GLH, les combats féministes sont soutenus de façon inconditionnelle, du moins en théorie[2]. Pour nombre de militant·es, c'est la première alliance à construire. S'il existe des

GLH mixtes ou qui s'efforcent de l'être, parfois en vain, la plupart des groupes sont exclusivement composés de garçons – les lesbiennes se retrouvent en milieu de décennie bien davantage au sein des mouvements féministes. Malgré cette non-mixité de fait, les garçons revendiquent souvent la perspective d'une lutte commune. Le GLH d'Aix-en-Provence affirme ainsi lutter « aux côtés des femmes », les groupes d'Alsace se déclarent « solidaires de la lutte des femmes », et Bordeaux souhaite « rejoindre le mouvement des femmes contre la virilité, la phallocratie, les normes et les rôles sexuels et sociaux développés par l'idéologie dominante[3] ». Selon le GLH rennais, l'homosexualité ne saurait être révolutionnaire sans se positionner contre la phallocratie, et donc en « solidarité avec la lutte des femmes sur tous les terrains[4] ».

Dans la perspective de construire des alliances avec les féministes, de nombreux groupes font un pas dans leur direction. Du côté de Rouen, l'initiative est un échec et les militants, « pourtant prêts à travailler avec des groupes de femmes et avec des hétérosexuels », sont amers car « ce désir n'est pas réciproque ». « Pour celles que nous avons rencontrées, elles se sentent d'abord opprimées en tant que femmes avant de l'être en tant que lesbiennes[5]. » La situation semble quelque peu différente à Bordeaux, où des contacts et des participations individuelles existent, même si là aussi les lesbiennes luttent en premier lieu au sein du mouvement des femmes.

Le courrier du GLH-PQ rédigé à l'intention des camarades féministes après la manifestation du 1er mai 1976 nous renseignait sur les tensions à ce sujet. Que des homosexuels puissent marcher à côté ou juste derrière des féministes ne fait pas l'unanimité. La formation d'un cortège commun entre hommes, même homosexuels, et femmes n'a rien d'une évidence.

De son côté, la tendance révolutionnaire parisienne décrit sa relation avec les mouvements féministes comme une « convergence conflictuelle ». Conflictuelle, car même si les garçons sont « victimes d'une oppression spécifique en tant qu'homosexuels, [ils] particip[ent] en tant qu'hommes à l'oppression des femmes[6] ». De ce fait, si le mouvement homosexuel a besoin des femmes, l'inverse est bien moins vrai.

Cette relative réticence des féministes à s'organiser avec leurs camarades masculins, ces « faux-frères[7] », s'explique aussi par la misogynie des garçons, aussi homosexuels soient-ils. Les commentaires phallocrates ne manquent pas : « Les bonnes femmes, elles sont toutes pareilles, je les connais, j'ai travaillé avec elles » ; « Ça, c'est bien une réflexion de nanas » ; ou encore : « Quoi, le viol ? Au début elles ne veulent peut-être pas, mais après[8]… »

Face aux critiques de leurs camarades lesbiennes, certains militants issus d'organisations politiques d'extrême gauche entament un travail réflexif. Le GLH-PQ détaille ses efforts : « Les débats que nous avons alors pu démarrer nous ont aidés à prendre conscience que ce n'est pas parce qu'on est pédés que d'abord tous les pédés sont nos copains et qu'ensuite on est du coup moins phallocrates que les autres mecs[9]. » Un travail qui ne semble pas toujours suffisant, au vu du faible nombre de GLH mixtes et de leurs rapports au féminisme. La tendance 14 décembre, par exemple, se construit sur l'antiféminisme, comme l'illustrent les mots d'introduction à un débat organisé par le groupe : « Il n'y a pas plus de rapport entre un pédé et une féministe qu'entre un réverbère et un trottoir[10]. » Le ton est donné.

Le GLH lillois, quant à lui, occupe une place spécifique dans la multitude des GLH. Dans son manifeste, une position peut surprendre : « Nous ne prenons pas en compte la lutte des femmes dans la mesure où elle ne vise qu'à un aménagement de l'hétérosexualité (avortement, contraception, etc.). » Une position d'autant plus étonnante que le GLH de Lille est l'un des plus mixtes du territoire. S'agit-il d'antiféminisme ? D'après les « gouines » du groupe, les « positions sur le féminisme divergent, mais ce n'est pas seulement une question d'homosexualité : c'est un problème d'identification au terme “femme” et à l'idéologie féministe[11] », qui ne serait qu'un substitut de l'idéologie patriarcale. Celles qui s'évertuent à lutter sur différents plans (féministe et homosexuel) feraient fausse route : « Les lesbiennes féministes qui participent aux luttes des femmes […] renforcent encore la différenciation des sexes qu'on nous a imposée arbitrairement avec toutes ses conséquences sociales. Elles posent toujours la même spécificité et en vivant en "alcôve" entre femmes, elles ne dérangent aucun ordre social traditionnel[12]. »

La non-mixité entre femmes s'apparenterait alors à un nouveau ghetto, sorte de prolongement des gynécées et autres harems. Pour les gouines du GLH lillois, « dire "lutte de femmes", c'est toujours se cantonner dans le domaine réservé que la société a toujours octroyé aux femmes[13] ». Cette position politique annonce en filigrane une redéfinition du sujet lesbien en dehors de la catégorie des femmes, qui prendra corps quatre ans plus tard dans le texte théorique de référence de Monique Wittig, *La pensée straight.*

REVENDIQUER UN TERRITOIRE CHOISI

Dans le fond, pourquoi les lesbiennes rejoindraient-elles le mouvement homosexuel très majoritairement masculin, alors même que le mouvement féministe est particulièrement puissant[14] ? Thierry Voeltzel, membre d'un GLH parisien, ne dit pas autre chose : « Les femmes, en réalité, nous ont acceptés parce que nous étions peut-être un peu moins oppresseurs ou moins emmerdants que les groupes politiques mecs ; à priori elles n'étaient pas tellement intéressées par notre truc. De toute manière, il y avait déjà dans le MLF une tendance des femmes lesbiennes qui marchait beaucoup mieux[15]. »

Pour autant, certaines lesbiennes ressentent le besoin de s'organiser de façon autonome, que ce soit au sein des GLH ou dans un groupe du mouvement des femmes[16], d'assurer une « sortie de la clandestinité » qui ne se fasse plus dans la « fusion avec le féminisme mais dans la revendication d'un territoire choisi[17] ». À l'automne 1975 naît ainsi à Paris le GLF, fondé par une dizaine de femmes issues d'organisations d'extrême gauche et fatiguées du désintérêt des questions lesbiennes au sein du mouvement féministe. Il se réunira chaque semaine pendant deux ans rue Sauffroy. Au printemps 1977, elles sont une trentaine à faire vivre le groupe « de façon fluctuante et mouvante[18] ». Le groupe porte l'urgence d'affirmer un mouvement lesbien, autonome et non mixte, et se dote rapidement d'un bulletin, *Lesbiennes féministes,* soit le premier journal lesbien français. À l'image des GLH, le GLF œuvre pour l'avènement du grand soir et « se veut un regroupement de lesbiennes féministes [...] mais avant tout une force révolutionnaire qui remettrait en question les corps individualistes sociaux, les rapports de force, de pouvoir de cette société patriarcale fondée sur la hiérarchie, le profit, l'inégalité[19] ».

D'abord à Paris, puis partout dans l'Hexagone, essaiment des Groupes lesbiennes (GL) qui, les premiers, marquent une rupture avec le mouvement des femmes en rejetant toute référence nominale au féminisme. Ces groupes, présents dès novembre 1978 à Marseille, Rouen, Caen, Rennes, Tours, Angers et Paris banlieue Nord entretiennent des liens plus ou moins rapprochés, à l'image du GLF, avec les militant·es des GLH. Comme leurs camarades masculins, les lesbiennes ont le sentiment de devoir tout inventer et rompre le silence de l'histoire. « Il est nécessaire pour nous maintenant de retrouver le chemin de notre propre créativité, de nous donner les moyens de construire notre culture, de sortir du mutisme. Nous n'avons aucun modèle, aucune norme ; nous devons tout créer entre nous, c'est difficile, mais au moins, on vit, on existe pour nous[20]. »

D'autres lesbiennes font le choix, au moins partiellement, de s'engager dans un groupe homosexuel mixte. C'est le cas au sein de la tendance Politique et quotidien, mixte depuis octobre 1976. Le GLH-PQ compte à l'automne 1977 15 lesbiennes sur 70 personnes. « Elles sont jeunes (entre 20 et 25 ans), elles sont étudiantes, enseignantes, ou secrétaires... Certaines appartiennent à des organisations politiques d'extrême gauche, d'autres sont inorganisées. Certaines sont dans des Groupes femmes de quartier, d'autres non[21]. »

Pourquoi certaines ont-elles pris leurs distances avec le mouvement des femmes après des années de luttes féministes souvent majoritairement non mixtes ? En premier lieu, les principales revendications féministes (l'avortement, la contraception, etc.) ne les concernent pas ou plus, pour celles qui se considèrent comme des lesbiennes politiques. Ensuite, le courant prônant la lutte des classes, majoritaire au sein du MLF, évacue et passe sous silence l'identité lesbienne par peur de s'aliéner les classes populaires avec un lesbianisme qui leur serait incompréhensible. En conséquence, des lesbiennes décident, quand d'autres rejoignent un groupe autonome comme le GLF ou un GL, de militer dans un GLH mixte, défendant à leur tour que « l'oppression des lesbiennes se distingue de l'oppression des autres femmes, notamment par le fait que leur sexualité n'est pas "directement" organisée en fonction de celle des hommes ». Sans oublier que « la lutte anticapitaliste et antiphallocratique (voire anti-patriarcale) est un point de convergence important avec les homosexuels révolutionnaires[22] ».

D'après elles, la question homosexuelle ne doit donc pas être abandonnée aux seuls hommes. Pour autant, après huit mois d'organisation commune, les lesbiennes de la tendance Politique et quotidien sont fatiguées de se battre contre des moulins. Beaucoup ont le sentiment d'être des faire-valoir, une caution femme. La commission lesbienne parisienne éclate et certaines de ses membres quittent le groupe, désillusionnées.

Ailleurs, comme à Orléans, l'histoire se répète : la majorité des tentatives de mixité aboutissent au bout de quelques mois au départ des lesbiennes. La raison est simple : la misogynie – ici appelée phallocratie – des garçons. Il faudra attendre 1980 pour qu'un mouvement lesbien autonome prenne de l'ampleur.

« LA CLASSE OUVRIÈRE N'AIME PAS LES PÉDÉS »

S'il est possible de parler d'une convergence conflictuelle entre les militant·es homosexuels, lesbiennes et féministes, qu'en est-il des liens entre le mouvement et la gauche et l'extrême gauche ? En ce milieu des années 1970, la question homosexuelle n'a jamais autant fait parler d'elle chez les groupies de Marx. Il faut dire que l'hostilité était initialement très forte.

À la Libération, la nation française, qui avait collaboré avec l'occupant nazi, est apparue aux libérateurs comme prostrée et soumise. Il fallait alors remédier à ce défaut de virilité. En conséquence, la Résistance ne pouvait pas encourager les pratiques homosexuelles, car celles-ci avaient été assimilées à une forme de dégénérescence des sociétés fascistes, et avait donc maintenu à leur égard la législation héritée de Pétain. Pour d'autres, l'homosexualité était plutôt une « dégénérescence petite-bourgeoise », rien que cela. Ces mythes ont fait de l'homosexualité et de la lutte pour son acceptation un repoussoir.

Au PCF, le mépris à l'endroit de l'homosexualité a libre cours chez ses dirigeants. Pierre Juquin, membre du Comité central et député, affirme sans sourciller que « l'homosexualité et la drogue n'ont rien à voir avec le mouvement ouvrier[23] ». Figure célèbre du PCF et candidat à l'élection présidentielle de 1969, Jacques Duclos énonce, lui, sans ambages que « la classe ouvrière n'aime pas les pédés ». C'était ce même Duclos qui, en 1971, lors d'un meeting du PCF perturbé par le FHAR, avait jeté au visage des trouble-fêtes : « Comment vous, pédérastes, avez-vous le culot de venir nous poser des questions ? Allez-vous faire soigner. Les femmes françaises sont saines ; le PCF est sain ; les hommes sont faits pour aimer les femmes[24]. »

Côté syndical, la CGT n'est pas en reste, comme l'atteste la dénonciation de la présence d'un cortège de femmes autonome et du GLH-PQ dans « sa » marche. C'est par la plume d'un certain Beaussier, secrétaire du parti, que les attaques sont proférées : « Ce "groupe" [de femmes] a permis que s'abritent derrière lui et avec lui, les homosexuels, les lesbiennes, des anarchistes dont les mots d'ordre n'avaient rien à voir avec la lutte de classes et les revendications (grossièreté, comportements provocateurs, femmes nues, lesbiennes en exhibition). » Non content d'ostraciser symboliquement une partie du mouvement, il poursuit : « La CGT exclura de ses manifestations [...] tout groupe, comité, dont les mots d'ordre et le comportement ne défendent en aucun cas les revendications et les intérêts des travailleurs[25]. »

Le Parti socialiste (PS) publie en 1976 le manifeste *Liberté, libertés,* où il affirme que « l'homosexualité est un comportement sexuel comme les autres[26] ». Le PCF fait alors lui aussi évoluer ses positions et soutient la demande d'abrogation de l'amendement Mirguet (qui fait de l'homosexualité un fléau social). Il installe dans la foulée une commission d'étude sur l'homosexualité qu'il confie à Juquin, celui-là même qui ne voyait pas en quoi l'homosexualité concernait le monde ouvrier, laissant ainsi à penser à certain·es militant·es qu'il ne s'agit en réalité que d'un grossier retournement de veste[27].

Du côté des organisations révolutionnaires, le rapport de force n'est pas tout à fait le même. Jean Le Bitoux, ancien membre du FHAR et figure du GLH-PQ, note que les femmes ont, les premières, « essuyé les plâtres du moralisme et du phallocratisme des militants et des structures », elles qui étaient parvenues à « poser quelques questions sur la vie quotidienne et la crise du militantisme[28] ». En somme, les luttes des femmes ont permis aux homosexuel·les d'apporter une nouvelle conflictualité au sein des partis et des organisations d'extrême gauche. Pour Jean Nicolas, membre du GLH-PQ, le dialogue entre l'extrême gauche et le mouvement homosexuel est possible parce que celle-ci est « moins stricte et moins bureaucratique que l'ensemble du mouvement ouvrier », ce qui lui donne l'occasion de « remettre en question la normalité du comportement[29] ». Jacques Girard, observateur de son époque, décèle lui des similitudes entre l'« idéologisme[30] » du mouvement homosexuel et les courants trotskistes. Dans les deux cas, les problèmes sont saisis par l'instrument de la théorie marxiste, comme si cette dernière avait réponse à tout.

Au sein de l'extrême gauche, les positions de la Ligue communiste révolutionnaire (LCR) sur l'homosexualité sont parmi les plus progressistes. La Ligue reconnaît l'existence d'une oppression spécifique des personnes homosexuelles et la nécessité, aux côtés du mouvement des femmes, d'une convergence des luttes contre la « norme sexuelle bourgeoise » et la « norme phallocratique ». Deux tâches incombent alors aux militant·es homosexuel·les révolutionnaires : un travail d'éducation à l'adresse du mouvement ouvrier et un travail d'« explication[31] » (comprendre : de propagande) à l'usage des homosexuels qui ont commencé à s'organiser. Dans cette perspective, la mise en place d'une Commission nationale homosexuelle en 1977 pousse certain·es à affirmer que la LCR cherche à faire de l'entrisme dans le mouvement[32].

Les expériences de celles et ceux des GLH dont la vie militante a débuté dans une organisation de gauche ou d'extrême gauche ne sont pas souvent heureuses. Expulsions, carcans étouffants des structures partisanes, activisme forcené, coupure entre vie militante et « problèmes personnels[33] », discours abstraits sans aucune prise sur le quotidien… La fatigue et la lassitude sont une réalité. « Je ne connais pas de parti politique auquel je puisse adhérer sans restriction pour me joindre au combat politique qui me conduira vers une société où chacun pourra choisir de vivre comme il lui plaît, sans avoir à craindre la répression[34] », explique Jacques Prince. Dans ce contexte, le GLH représente la possibilité de renouer avec le militantisme et l'intervention politique. D'ailleurs, certaines personnes qui n'avaient jamais imaginé militer au sein d'un groupe sont alors en mesure de le faire.

Pour celles et ceux qui continuent de militer au sein d'un parti ou d'une organisation syndicale, comme ces militant·es du PS, du PCF, du PSU, de la LCR, du groupe Révolution !, ou ces maoïstes et autres militant·es anarchistes et spontanéistes qu'on retrouve dans les GLH, la vie n'est pas toujours rose. Une grande partie subit ce que les militant·es conceptualisent comme de l'autorépression – on parlerait aujourd'hui d'homophobie intériorisée. Les schémas de l'action politique classique pensés par l'extrême gauche engendrent une culpabilité identitaire chez les homosexuel·les : leur lutte ne serait ni prioritaire ni légitime. Or, lutter en faveur de l'homosexualité exige d'abord de se convaincre que l'on n'est pas le symbole de la dégénérescence bourgeoise, processus complexe s'il en est, sans compter la pression qu'exerce l'ascétisme révolutionnaire prôné par tant de groupes et de structures partisanes.

Une lettre adressée à Georges Marchais et Georges Séguy, respectivement secrétaires généraux du PCF et de la CGT, illustre bien l'autorépression dont souffrent les militant·es politiques et les injonctions contradictoires liées à leur homosexualité. L'auteur, Maurice Cagnier, s'adresse à ces dirigeants en les appelant « camarades », signe de respect et de fraternité toujours en vigueur. Il se présente comme membre de l'Union départementale (UD) du Rhône de la CGT et secrétaire du secteur enseignement et formation professionnelle, ainsi que membre du PCF. Mais l'important se trouve ailleurs : « Oui, je suis tout cela, mais je suis aussi un PD, un homosexuel, bref un individu hors de la normale. » La question que pose Cagnier est très simple : peut-on être cégétiste et communiste en plus d'être pédé ? Il se fait le porte-parole d'autres militant·es dont il retranscrit des phrases entendues : « Je ne sais pas si je vais rester au PC, à la CGT, car la morale marxiste est oppressive » ; « Je ne prends pas de responsabilités, car s'ils savaient… » ; ou encore : « Lorsqu'on le saura à l'UD, on t'éjectera… » Cagnier s'étonne d'être mieux défendu par d'autres organisations, comme la LCR, alors qu'elle incarne tout ce qu'il combat : « Vais-je devoir soutenir cette organisation politique alors qu'elle attaque mon parti, mon syndicat[35] ? » Le désarroi, profond, résonne comme une souffrance. Pour Maurice, le paradoxe est douloureux. Et le choix cornélien. Pourquoi devrait-il trancher entre un parti et un syndicat auxquels il adhère pleinement mais qui méprisent son homosexualité, et des organisations d'extrême gauche qui parlent de ce qu'il est (c'est-à-dire pédé) sans pour autant rejoindre ses positions politiques ? Malgré les déclarations d'intention du PCF et de la CGT en faveur de l'homosexualité, beaucoup de militant·es homosexuel·les gardent leur identité secrète.

Des membres du GLH-PQ rendent visibles cette réalité et les contradictions qu'elle engendre en distribuant un tract lors de la manifestation du 1er mai 1976 ou 1977[36]. Le tract s'adresse à leurs camarades syndiqué·es hétérosexuel·les et s'apparente à un *coming out* : « Camarades, vous nous connaissez en tant que militants syndicaux ou camarades de travail ; nous sommes aussi homosexuel(les). » Sa distribution constitue un acte de libération qui rompt avec l'autorépression et le silence. Il n'est plus question d'être déchiré·e entre plusieurs identités qui ne sont en rien antagonistes : « Le combat que nous menons ensemble dans le syndicat est le même que nous menons dans les GLH. » Mais les GLH sont les seuls espaces où ils et elles peuvent conjuguer ces deux identités. Le message est clair : « Toute lutte pour le socialisme qui ne prendrait pas en compte la libération des femmes et des homosexuels, ne serait qu'une parodie[37]. »

Les militant·es se débattent contre l'autorépression, certes, mais la culpabilité identitaire ne recouvre qu'une partie des relations entretenues avec l'extrême gauche. Car, dans le même temps, la colère est forte. Si la recherche d'alliances est un but des GLH, le ras-le-bol et l'exaspération contre les militant·es hétéros et leurs comportements oppressifs trouvent une certaine place dans les publications des groupes. Après un article dans *Rouge*, le journal de la LCR, qui s'en prenait à la candidature du GLH d'Aix-en-Provence aux élections municipales de 1977, lui reprochant d'être « une diversion par rapport à la lutte des classes » et lui intimant « d'introduire une ligne de classe dans l'homosexualité », la tendance Politique et quotidien demande un droit de réponse.

Toutefois, le journal trotskiste se garde bien de publier ces mots tranchants : « Le club bourgeois homosexuel Arcadie a fait plus pour les homos que vos baratins de solidarité dont on cherche partout la pratique. Vos poussiéreux arguments culpabilisateurs nous donnent des boutons. » Et de conclure : « On en a marre de se faire sodomiser par votre "ligne de classe". On n'y peut rien si vous ne voulez rien comprendre[38]. » Cette colère laisse parfois place à de la lassitude : « Les gauchistes [...] ne s'aperçoivent pas qu'ils ne sont pas plus révolutionnaires que cette gauche bourgeoise, en ce sens qu'ils reproduisent, à l'extrême gauche, les schémas de la droite : mâle phallocrate, mépris et haine du plaisir, sens de la discipline et du devoir, culte des héros, soumission au chef et au maître à penser, docilité des jeunes à l'égard des aînés, etc.[39] » La route est encore longue.

LE FOND DE L'AIR EST ROSE

Les militant·es homosexuel·les ont conscience que la spécificité de leur lutte est toute relative. L'ennemi est souvent commun et les alliances possibles. La multiplication des mouvements du sujet minoritaire, dont l'action sur le quotidien tranche avec les projections des organisations révolutionnaires, favorise ce qui est alors théorisé comme la convergence des luttes. Et ce n'est pas un vain mot. Mouvements écologistes, antimilitaristes, anticarcéraux... dans toutes les luttes, les militant·es cherchent à intégrer le facteur de l'homosexualité dans la grille d'analyse. Dans cette logique, comme le note Pierre du GLH de Mulhouse, « la lutte n'est donc possible et efficace qu'en collaboration étroite avec les autres luttes qui ont lieu dans différents domaines contre les mêmes causes économiques et politiques[40] ».

Cet engagement sur différents fronts survient dès les premières années du mouvement. Le GLH de Mulhouse participe ainsi en mai 1975 à la marche antinucléaire de Fessenheim, dans l'est de la France, où ses membres distribuent plus de 3000 tracts et tiennent un stand d'information. De même, en juillet 1977, le GLH de Lyon prend part à la marche contre le surgénérateur nucléaire en construction à Creys-Malville. La banderole déployée est assez mal accueillie par une partie des 60000 marcheurs et marcheuses, car elle détournerait la raison première de la manifestation et proposerait un autre objectif que la lutte en cours. Malgré ces doutes, quelques contacts sont établis, des dossiers de presse vendus et des discussions amorcées. Néanmoins, le plus important pour les militant·es est de partager cet après-midi d'incertitude sous la pluie, de faire front commun dans une lutte dont ils et elles, en vertu d'une ligne politique révolutionnaire, se sentent proches.

Sous la chaleur écrasante cévenole, le GLH lyonnais prend le même été la route du rassemblement sur le plateau du Larzac contre l'extension du camp militaire prévue par le gouvernement de Valéry Giscard d'Estaing. Si le manque d'initiative et de coordination interne a fait en sorte que le GLH n'ait pas de stand, les membres du groupe sont tout de même présent·es à la marche. Puis, soudain, un drapeau marqué d'un triangle rose sur fond blanc apparaît au milieu de la foule. La réaction des membres du groupe est enthousiaste : « Le jeune londonien qui le porte vient de faire se rencontrer des gens qui se cherchaient et permet une nouvelle fois "d'être présent" et d'expliquer inlassablement la signification du triangle rose[41]. »

Que représente la référence au sigle des GLH dans un tel rassemblement ? Quel est le lien entre la lutte pour la reconnaissance de l'homosexualité et un surgénérateur ? Ou l'extension d'un camp militaire ? Cela ne va pas de soi, même au sein des GLH. La convergence des luttes est un concept qui se construit en permanence. Ces militant·es ne représentent personne, mais leur simple présence offre « un éclairage particulier parmi d'autres tout aussi indispensables ». Par ailleurs, « ils peuvent être un signe de ralliement comme ce drapeau inattendu brandi sur le Causse pour regrouper des marcheurs[42] ».

Probablement est-ce en raison du service militaire obligatoire pour les hommes que les militants des GLH s'intéressent autant à la lutte antimilitariste. Très tôt, le GLH-PQ se positionne pour la libération des soldats et syndicalistes emprisonnés. Il publie à ce propos une tribune dans le journal *Crosse en l'air* intitulée « À bas l'embrigadement militaire et sexuel de la jeunesse ». Selon le GLH, l'armée embrigade et brime la jeunesse pour en faire des citoyens dociles et bien intégrés dans la société capitaliste. L'armée serait une coursive entre la famille et l'usine, autrement dit une manière de produire une jeunesse soumise à l'exploitation et insérée dans l'« ordre phallocratique hétérosexuel dominant[43] ». Pour les théoricien·nes du groupe, une homosexualité latente traverse toute la hiérarchie militaire, troisième tableau d'un triptyque qui compte déjà le sexisme et la misère sexuelle.

La case prison n'étant pas une réalité abstraite pour celles et ceux qui sont encore considéré·es comme un fléau social, l'intérêt porté à la condition des prisonniers et des prisonnières et la critique du système carcéral traversent le mouvement homosexuel. Des liens sont construits avec le Comité d'action des prisonniers (CAP) fondé en 1972 pour prolonger l'action du Groupe d'information sur les prisons, mis sur pied et animé par Michel Foucault, Jean-Marie Domenach et Pierre Vidal-Naquet. Le bulletin du CAP fait paraître en juillet 1976 un article sur l'homosexualité en prison. Et le constat n'est guère joyeux : « D'une façon générale, vivre en homosexuel en prison c'est accepter de vivre à l'index du reste de la population pénale, c'est accepter le mépris des autres, les vexations, humiliations, mises à l'amende et tout le long cortège des brimades, coups, sévices, quarantaines, etc.[44] » Les différents bulletins du mouvement publient par ailleurs régulièrement des comptes rendus de procès et des témoignages de garçons condamnés sur la base de leur homosexualité. Ceux-ci donnent à voir de façon très concrète l'une des conséquences directes des lois qui répriment l'expression d'une sexualité homosexuelle.

S'inspirant des mouvements féministes, écologistes, anticarcéraux ou de défense des personnes migrantes, les militant·es homosexuel·les consacrent aussi une énergie certaine à tisser des liens et des convergences au-delà des frontières hexagonales. Ils et elles partent ainsi à la rencontre de leurs homologues d'Europe occidentale, donnant une réalité matérielle au slogan « Prolétaires de tous les pays, caressez-vous ».

À l'été 1977, les Rooie Flikkers (groupe néerlandais dont le nom signifie littéralement les Pédés rouges) se rendent à moins d'une heure de Montauban, où se tient la rencontre internationale qu'ils ont mise sur pied, une première du genre après des échecs en Italie et au Danemark. On les imagine bien dans le décor bucolique du Tarn-et-Garonne, avec ses rivières où se prélasser, cruiser et discuter sans fin avec des camarades venus de loin dans la douceur des nuits. Ils sont 80 garçons des Pays-Bas, de France, de Belgique, de Grande-Bretagne, de Suède et d'Allemagne à se réunir quinze jours durant pour tenter « une autogestion, au niveau quotidien, de notre réalité homosexuelle[45] ». Mais une « tension entre un certain militantisme anglo-saxon et un non moins certain militantisme français[46] » prend le pas sur la pastorale homosexuelle qui se dessinait. Au fond, l'opposition rejoue celle du modèle révolutionnaire contre un modèle communautaire ou réformiste.

Là où certains auraient souhaité faire de ces rencontres « une sorte de mini-congrès international » (principalement les Français, Trotski et Lénine n'étant jamais loin), d'autres insistent pour aller dans le sens d'une expérimentation politique sur le terrain du quotidien. Pour ces derniers, les débats strictement politiques valorisent le « militant homosexuel viriloïde ». Et les folles acquiescent : le quotidien est « plus politique que le spectacle de la politique[47] ». Pour ce courant sur le point d'essaimer en France, il s'agit bien davantage d'expérimenter de nouveaux rapports quotidiens, d'après le leitmotiv « le privé est politique ».

Mais l'actualité ne laissera pas le temps de se détendre en bord de Tarn. L'heure n'est plus au débat, la répression est partout. Il faut que cela cesse.

CHAPITRE 4

UN PAS EN AVANT, TROIS PAS EN ARRIÈRE

BAR LE MANHATTAN, Paris, 5e arrondissement. Dans la nuit du 26 au 27 mai 1977, la police procède à une descente dans la backroom et arrête 11 personnes. Leur comparution devant le tribunal est « à marquer d'une pierre rose dans l'histoire "gay". Pour la première fois, des personnes accusées d'"outrages publics à la pudeur sur personnes du même sexe" comparaissaient en correctionnelle et sans complexe, en tout cas sans nier leur homosexualité, et avec la ferme intention de placer ailleurs le débat[1] ». Un an plus tard, à La Réunion, le Dr Buisson, qui ne fait pas mystère de son homosexualité, est interdit d'exercice par l'Ordre des médecins en raison de « tendances profondes (sic) incompatibles avec l'éthique médicale[2] ». Puis il y a Jean Rossignol, surveillant de l'Éducation nationale révoqué en septembre 1978 pour des motifs de retards et d'absences injustifiées, mais surtout en raison de son homosexualité et de son militantisme. Enfin, Marc Croissant. Communiste et homosexuel, cet employé du service culturel de la mairie d'Ivry est licencié après avoir adressé une lettre à *L'Humanité,* dans laquelle il préconise la « seule position possible pour les communistes » : « la défense sans concession du droit pour les individus [...] à vivre leur sexualité comme il leur plaît[3] ».

Entre 1977 et 1979, ces quatre affaires judiciaires condamnant arbitrairement des homosexuels accaparent successivement l'attention des médias et des militant·es, et font de la répression le moteur de la mobilisation[4]. Le sentiment – pourtant déformé – d'un retour en force de la répression sonne comme un échec. L'atonie passée, la mobilisation s'oriente alors progressivement vers des formes de militantisme bien plus revendicatives que par le passé, délaissant temporairement sa dimension existentielle.

« JOUONS AUX ÉLECTIONS AVEC LES PÉDÉS »

Alors que l'étoile rouge commence à pâlir sous la lumière des boules à facettes, le GLH-PQ, qui pendant trois ans a été la locomotive du mouvement, fait face à la répression. Fort·es du succès de la Semaine homosexuelle du printemps 1977 à l'Olympic, les militant·es parisien·nes veulent mettre sur pied un véritable festival international de cinéma homosexuel[5]. Pensé comme le premier acte de la campagne pour les élections législatives du printemps 1978 où le GLH-PQ présentera des candidats, le festival se déroule du 18 au 31 janvier dans le cinéma d'art et d'essai La Pagode, sis dans le 7e arrondissement. En plus d'une cinquantaine de films, le GLH-PQ propose spectacles, expositions, librairie… sans oublier un grand bal pour danser jusqu'au petit matin.

Le 27 janvier, des policiers grimés en agents du Centre national du cinéma s'introduisent sans mandat dans la salle de projection. Sur ordre du ministre de la Culture Michel d'Ornano, ils saisissent 17 films déclarés interdits – car ils n'auraient pas reçu les visas d'exploitation. *Libération* s'amuse du fait que « pour les trois quarts, les films saisis ont déjà été projetés. Mieux : l'un deux, *Boy Friend II* de Lionel Soukaz, a obtenu une distinction, le label qualité du Centre national du cinéma, dépendant… du ministère de la Culture [lui]-même[6] ».

Pour que l'interdiction ne soit pas bravée, ordre est donné à un policier de faire le planton dans la salle jusqu'à la fin du festival. Le soir, le public se délecte de *La loi du plus fort* de Rainer Werner Fassbinder quand une vingtaine d'individus casqués, masqués et armés de barres de fer déboulent, brisent les vitrines et blessent six spectateurs. Ils jettent des pots de peinture rouge sur le public, lancent des grenades fumigènes et repartent aussi sec avec les 5 000 francs de recette de la soirée. C'était un commando d'extrême droite du groupuscule Jeune Nation. Le policier en faction a bien tenu son rôle : il n'a pas bougé le petit doigt.

En réaction, une manifestation a lieu le lendemain à 15 heures au métro Duroc. Elle rassemble près de 200 personnes qui défilent pour une « différence homosexuelle » et « contre l'arrêt arbitraire d'une expression culturelle[7] ». À minuit, elles sont une centaine armées de banderoles à distribuer des tracts rue Sainte-Anne, alors haut lieu de rencontre et de prostitution homosexuelles. Vers une heure du matin, deux cars de police interrompent la manifestation et les policiers procèdent à huit interpellations. Les militant·es bloquent le départ des véhicules en s'asseyant sur la chaussée et en s'agrippant aux fourgons. La police réplique par une pluie de grenades lacrymogènes et de coups de matraque, et reçoit en retour des jets de pierres et autres projectiles de circonstance. La couverture médiatique de l'événement est considérable. *Charlie Hebdo, France Soir, L'Humanité, La Petite Quinzaine, Le Matin, Le Monde, Libération, Politique Hebdo, Le Quotidien de Paris, Rouge* et *Spéciale Dernière* s'en font l'écho et lancent ainsi en fanfare la campagne des élections législatives.

À l'automne 1977, le GLH-PQ avait en effet engagé des débats internes dans la perspective de présenter des candidats aux élections législatives du printemps suivant. Cette stratégie était pourtant loin d'être une évidence pour tout le monde. Certain·es militant·es ne votaient pas, tandis que d'autres accordaient habituellement leur voix à l'un des partis de la gauche, de l'extrême gauche ou de l'écologie. Au cours des discussions, une certitude avait alors pris corps : peu importait le résultat final. Le but serait de subvertir la campagne électorale pour en faire une tribune politique.

Se présenter aux élections comportait tout de même des risques. Pour Alain Huet, cela encourageait un processus de starification chez les candidats et, par conséquent, détournait l'attention des autres actions du mouvement. Par ailleurs, tenir un discours public sur l'homosexualité risquait de la dédramatiser, de l'aseptiser et de bloquer les luttes en cours. Pour certain·es, il ne s'était pas passé autre chose aux États-Unis : depuis que le mouvement avait intégré le jeu politique classique, il n'avait plus rien de subversif ni de révolutionnaire.

D'autres, comme Jacques Prince, rédacteur de l'*Agence Tasse,* craignaient que des résultats électoraux ridicules renforcent les discours discriminants et permettent d'affirmer que les homosexuel·les ne représentent pas grand monde. Participer aux élections, c'était aussi se placer sur le terrain de l'adversaire, et donc disposer d'une très faible marge de manœuvre. Les raisons ne manquaient vraiment pas pour douter du bien-fondé de cette proposition, mais la visibilité espérée l'avait emporté sur le reste.

Pour la campagne électorale, le GLH-PQ met en place une structure d'accompagnement des candidats – dont deux seulement sont acceptés par les instances électorales –, les Comités homosexuels d'arrondissement (CHA). Le GLH-PQ se veut « jusqu'au bout le candidat des exclus et des marginaux », s'adressant « à vous non-électeurs, enfants, jeunes, immigrés, non-inscrits, non-votants, mais aussi à vous, homosexuels[8] », et intitule sa campagne « Différence homosexuelle 78 ». Jean Le Bitoux, figure du mouvement depuis le début de la décennie, est candidat dans le 6e arrondissement et Alain Secouet, maçon de son état, dans le 18e, avec Guy Hocquenghem comme suppléant. « Nous voulons donner la parole à des homosexuels insérés dans la vie active, avec un métier et un environnement plus "ordinaire" que ceux des pédés que l'on a l'habitude d'entendre, les vedettes, les artistes, les écrivains[9] », précise Hocquenghem.

D'après le CHA du 18e arrondissement, la campagne pour les élections vise essentiellement à faire sortir les homosexuel·les de leur silence et de leur culpabilité, abroger les lois répressives, interpeller les partis politiques et remettre en question les rôles sexuels. L'oppression et la répression, qu'elles soient étatiques ou sociales, sont ainsi au cœur de la campagne : « Nous sommes homosexuels. Et plus de quatre millions en France. Mais la peur et la répression nous ont jusqu'à présent interdit de parole, pas seulement celles de la police qui nous fiche et qui nous embarque, celles des fascistes qui nous agressent ou de la médecine qui prétend nous soigner, mais celles aussi présentes dans notre travail, dans le mépris de nos voisins, ou dans les railleries de la rue. Ignorer tout cela, ce n'est pas facile. Nous sommes candidats pour le dire[10]. »

Pour faire vivre la campagne, les militant·es ne manquent pas d'imagination. Ils et elles lancent une radio pirate, Radio fil rose, qui émet sur la fréquence 95 MHz. Les premières émissions sont brouillées par les autorités après seulement quelques minutes d'antenne, mais « on peut tout de même les entendre de certains quartiers de Paris, simplement en changeant son poste d'orientation[11] ». Par ailleurs, les CHA créent un répondeur téléphonique qui donne toutes sortes d'informations, tandis que le dessinateur, dramaturge et écrivain argentin Copi, exilé politique en France, signe l'affiche de la campagne qui ne passe pas inaperçue. Son slogan, « Jouons aux élections avec les pédés ! », et son humour décapant ont de quoi accrocher le regard : une personne, assise, discute avec un canard homosexuel qui se présente aux élections, mais se l'imagine plutôt dans un four crématoire !

Cependant, la répression oblige « Différence homosexuelle 78 » à rester dans une « semi-clandestinité ». Comme le raconte Jean Le Bitoux dans les colonnes de *Libération*, « après ce qui s'est passé à la Pagode, il est bien évident qu'on ne peut tenir de réunions officielles sans risques importants. Quant aux candidats, ils courent aussi des risques de répression, sur le lieu de travail, par exemple[12] ». Lui-même a été poussé à la démission de l'établissement scolaire dans lequel il enseigne, sans qu'il cède aux pressions, tandis qu'Alain Secouet ne dort plus chez lui. Les réunions publiques organisées par le GLH-PQ et les CHA se font alors souvent de concert avec des réunions électorales de groupes écologistes ou féministes, garantissant ainsi plus de sécurité.

La candidature du GLH-PQ, si elle prétend ne représenter personne, affirme parler « pour tous ceux qui vous entourent, de vos amis, de votre famille, et qui ne peuvent dire qu'ils sont homosexuels[13] ». Parler pour ceux et celles qui ne le peuvent pas : la candidature devient un prétexte. « Nous vous demandons [...] la plus extrême méfiance à l'égard du système représentatif qui nous gouverne. Nous ne faisons pas campagne pour des candidats, mais pour des idées en rupture complète avec le monde de la politique et du pouvoir[14]. » Faute d'argent pour imprimer des bulletins de vote, les électeurs et électrices sont appelé·es à se fabriquer le leur, devenant de fait un bulletin nul.

Sans grande surprise, les résultats sont dérisoires : Alain Secouet obtient 45 voix et Jean Le Bitoux, 30. Mais l'objectif de visibilité semble atteint, au regard de la couverture médiatique conséquente qu'une liste de cet acabit a obtenue.

BOULEVERSEMENTS DANS L'ÉPICENTRE PARISIEN

Les CHA mis sur pied pour accompagner la campagne des élections législatives supplantent progressivement le GLH-PQ, sans que personne prenne véritablement acte de la disparition de ce dernier. Il faut dire que les conflits en son sein se sont multipliés. Après trois ans d'existence et trois périodes politiques distinctes, la guerre de chapelles qui s'y est jouée a laissé le groupe exsangue. « Comme Picasso et ses périodes bleue, rose, le GLH Paris a eu les siennes : soleil d'orient, étoile rouge, nuit folle ou, si l'on préfère : période marxiste-léniniste, période trotskyste, période "folle"[15]. » L'ambiance au sein du GLH-PQ est ainsi parfois très loin de l'esprit de grande camaraderie souvent revendiqué.

Comme en 1975 avec les comités de quartier du GLH unitaire, les militant·es de ce qu'il reste de la tendance Politique et quotidien vont rejoindre les CHA qui leur correspondent politiquement. Le principal, celui du 18e arrondissement, regroupe les militant·es venu·es de la Commission nationale homosexuelle de la LCR. Du fait des origines politiques de ses membres, le fonctionnement du CHA du 18e arrondissement est, peut-être, celui qui ressemble le plus au GLH-PQ. Pour sa part, le CHA des 5e et 6e arrondissements organisera régulièrement des fêtes pendant près de deux ans. Son principal animateur est un chanteur-pianiste du nom d'Alain Rivage, surnom : Barbara. Les réunions du groupe se déroulent dans une librairie anarchiste, La Pensée sauvage, rue de l'Odéon. À en croire Jacques Girard, l'ambiance du CHA est celle « d'une bande de copains, qui sans ignorer la politique traditionnelle la tiennent à distance[16] ».

Quelques mois plus tard, à la faculté de Nanterre, naît le Comité homosexuel de l'Ouest parisien. Animé par Gérard Bach-Ignasse, l'une des futures figures du mouvement, il édite un journal, *Homoscopie.* Trois autres groupes complètent cette constellation : le Collectif homosexuel offensif et combattant de la banlieue Est, le Comité homosexuel de la banlieue Sud à Montrouge, sans oublier le CHA Halles, fondé le 1er mai 1979, qui dispose de son journal, *Chamaille,* et qui agrège les quatre premiers arrondissements de la capitale. Revendiqué comme mixte, c'est l'un des rares à dialoguer avec le mouvement social. Au bout d'un an, en mai 1979, une première assemblée générale de coordination des CHA est organisée à la faculté de Jussieu. À l'été, la capitale est couverte de CHA. On en trouve alors aussi dans les 9e, 10e, 12e, 13e et 15e arrondissements, ce qui offre l'embarras du choix aux homosexuel·les parisien·nes.

En rejoignant les CHA, les militant·es cherchent de nouvelles perspectives politiques. Le CHA des 5e et 6e arrondissements l'explique simplement : « Démarche de quelques garçons déroutés par la paradoxale difficulté à s'exprimer au sein d'un mouvement de libération où tout ne tient que par quelques personnes qui s'essoufflent, s'isolent, s'entredéchirent [...]. Désir de tracer quelque chose de plus humain, de parler de soi, de ses pratiques sexuelles, de se remettre en cause, de se retrouver entre copains, de se tracer des repères affectifs[17]. » Manifestement, comme aux premières heures des GLH, ces garçons veulent se retrouver, se raconter, s'aimer, éditer un bulletin, organiser des débats, participer à des fêtes politiques. Il flotte dans l'air un sentiment de déjà-vu. S'agit-il seulement d'une nouvelle classe d'âge militante qui a besoin d'expérimenter par elle-même ce que ses aîné·es ont vécu quelques années plus tôt ?

À Paris, le nouveau collectif Des jeunes paroles rassemble des lycéen·nes et des étudiant·es qui ne veulent « ni refaire, ni recommencer, ni redire, mais créer ». Si la majorité des membres n'a jamais milité dans un groupe homosexuel, elle possède une idée claire de ses envies, comme cette lycéenne qui explique souhaiter « un mouvement plus libre, moins culpabilisé ». Une certaine Brigitte évoque la rupture avec les GLH : « Il ne s'agit pas de nous cantonner dans notre oppression, une fois de plus ghettorisés [sic] comme dans les GLH; notre démarche doit être offensive. À partir de l'homosexualité, nous pouvons porter un regard sur tout ce qui nous entoure[18]. » C'est donc bien là une forme de recommencement, comme s'il existait un processus intangible à la vie d'un groupe: dans un premier temps, ses membres sont animés par un besoin d'expérimenter, puis ils embrassent un militantisme revendicatif. Une différence notable est cependant à souligner: le ton des militant·es, plus libre, est moins marqué par la rhétorique d'extrême gauche omniprésente aux débuts des GLH.

Par ailleurs, la rigueur de l'organisation proposée par la tendance Politique et quotidien s'efface derrière une myriade de petits groupes autonomes. Mais l'engagement dans les CHA ne satisfait pas longtemps les militant·es les plus ancien·nes: « L'expérience des CHA n'a pas duré très longtemps car d'autres choses ont pris le relais. Il y a eu le temps de l'affirmation, la sortie du placard, entre nous, dans les groupes de quartier et dans la rue. Puis chacun a voulu vivre, changer sa vie, mais aussi notre vie publique en créant des journaux, une radio, une librairie[I], etc.[19] » Les militant·es de la première heure sont nombreux et nombreuses à donner une nouvelle direction à leur engagement et à investir largement la sphère culturelle et médiatique, qui s'affranchit progressivement de la sphère politique.

Au printemps 1979, deux nouvelles publications font ainsi leur apparition à quelques semaines d'intervalle. D'abord, la revue trimestrielle *Masques*[20], que le public découvre lors de la manifestation du 1er mai, et dont le premier tirage de 3 000 exemplaires s'épuise très vite. *Masques* se veut « homosexuelle, mixte », et une contribution « à la recherche et à l'affirmation de nos identités: parce que nous ne sommes pas seulement définis par notre sexualité homosexuelle mais aussi et surtout par un rapport au monde différent[21] ». Vingt-six

I. La librairie Les mots à la bouche a été fondée rue Simart, à Paris, par Yves Clerget et Jean-Pierre Meyer-Genton, et elle existe toujours. Elle se trouve actuellement au 37, rue Saint-Ambroise, dans le 11e arrondissement.

numéros paraîtront jusqu'en 1985. Puis, trop endettée, la revue met la clé sous la porte en juin 1986.

Le Gai Pied[22], de son côté, est l'aboutissement d'un long processus. Les cinq numéros de *Gaie Presse* avaient été un avant-goût de la décennie 1980 : épurés, colorés, disco. Le numéro 0 du *Gai Pied*, publié en février 1979 et distribué gratuitement à 20 000 exemplaires, donne au mensuel une publicité conséquente. Grâce à une idée audacieuse imaginée par Jean Le Bitoux, le premier numéro échappe à la menace d'interdiction d'affichage en publiant en une un article sur le suicide intitulé « Un plaisir si simple » et signé par Michel Foucault. Or, le pouvoir ne peut se permettre de censurer Foucault.

« Pour être gai et pour le pied. Pour ne plus tomber dans le guêpier des ghettos » : ainsi s'affiche la devise du journal en couverture du premier numéro. Le mot « gai » est en passe de remplacer le terme « homosexuel », considéré comme trop médical. Pour Michel Foucault, il « faut s'acharner à être gay », car « être gay c'est [...] non pas s'identifier aux traits psychologiques et aux masques visibles de l'homosexuel, mais chercher à définir et à développer un mode de vie[23] ». Un nouveau chapitre de la mobilisation homosexuelle semble se dessiner. Et si ses premiers effets vont d'abord se faire sentir à Paris, ils se diffuseront très rapidement à travers tout le territoire.

UN MOUVEMENT EN ÉBULLITION

Les récits que les GLH font de leur histoire ont un motif commun : après quelque temps d'existence, ils tournent en rond et peinent à se réinventer. L'énergie des débuts retombe, les groupes sont au point mort. Le GLH de Lille ne déroge pas à la règle : « [T]out ce qu'on a trouvé à dire c'est la même chose qu'au début, sauf qu'on l'a dit tristement au lieu de rigoler [...] ! Et puis les urgences révolutionnaires, par ici, ça se fait rare[24]. » Chaque membre vit sa propre expérience, quitte à ce que les dynamiques au sein des GLH se répètent et que les plus ancien·nes soient découragé·es et abandonnent le navire. Les cycles au sein du mouvement sont donc très courts et recommencent inlassablement à chaque rentrée scolaire. Ce qui fait dire ironiquement à Alain Huet que « les militants qui sont dans le mouvement depuis plus de trois ans se connaissent les uns les autres[25] ».

Les GLH, dans leurs premières années d'existence, ont entre autres occupé et assumé la fonction de groupe de parole et ont été le lieu d'une élaboration politique, théorique et publique d'un discours sur l'homosexualité. C'était, pour ainsi dire, leur objectif premier. Mais la radicalité des discours produits au sein du mouvement a eu des effets non désirés, comme de « refuser tout débat sur les contraintes d'une bataille de type "réformiste" et aussi [de] compter sur la spontanéité des masses pour que les choses se fassent ». Autrement dit, cette radicalité politique et théorique a conduit les militant·es à dresser un constat amer : ils et elles se sont coupé·es des supposées « masses homosexuelles », en particulier en raison de leur discours sur le ghetto.

« En fait, on se regardait assez souvent en chien de faïence et c'étaient toujours les mêmes qui parlaient, toujours à peu près des mêmes choses. Et on se faisait traiter avec raison d'intellectuels par un gars qui travaillait chez Renault[26] », analyse le GLH rouennais. Pour atténuer cet éloignement d'une grande partie de la population homosexuelle, le groupe strasbourgeois considère qu'il « devra évoluer, trouver d'autres moyens de contact et d'échange, d'autres formes d'action[27] ». Sinon, il est condamné à disparaître. Un certain Bébert, lors d'un débat entre les militants du GLH de Lyon, renchérit : « Notre groupe est autarcique, coupé de la réalité que vivent d'autres homosexuels dans d'autres lieux [...]. La plupart des gens qui viennent ici, vivent leur homosexualité ailleurs, dans le ghetto ou pas[28]. »

La lutte contre la répression devient alors l'une des pistes pour sortir de cet enlisement. Mais agir sur le terrain du droit, c'est se placer sur celui de l'adversaire. Le mouvement des femmes en a fait l'expérience – non sans difficultés – avec la mobilisation pour l'avortement et la lutte contre le viol. Or, à la différence des féministes, les forces vives du mouvement homosexuel sont limitées. Des compromis sont inévitables et le besoin de coordination plus criant que jamais. Il faudrait alors un « minimum de bureaucratie[29] » pour faire avancer la cause, épouvantail du mouvement depuis les premiers moments du FHAR.

Si la lutte contre la répression s'organise à partir de 1978 dans l'ensemble du mouvement, un groupe fondé au mois d'avril 1977 s'est déjà emparé de cette question : le GLH de Marseille. Celui-ci compte en 1978 « plus d'une quarantaine d'homosexuel.le.s de tous âges (de 18 à plus de 40 ans), de toutes catégories sociales (étudiants, enseignants, beaucoup d'employés, ouvriers), de courants politiques très différents (OCT, LCR, CERES, PCF, inorganisés)[30] ». Sa première action publique, un mois après sa création, est de participer à la traditionnelle marche du 1er mai sur la Canebière. Parmi les 50 à 60 personnes du cortège, beaucoup craignent d'être reconnues en train de défiler sous la banderole du GLH marseillais et, par ricochet, de perdre leur emploi. C'est pourquoi leurs visages sont presque tous cachés par un masque blanc.

Au mois d'octobre 1977, le groupe se dote d'un local de quatre pièces au 41, rue de la Palud, que certains surnomment le « Gay Center ». À l'inverse de la majorité du mouvement homosexuel français, la démarche du GLH marseillais est communautaire depuis le début. Ses membres veulent « mener la lutte pour que change la situation des homosexuels et s'efforcer d'en regrouper le plus grand nombre dans cette optique ». En conséquence, ce local ambitionne d'être un « lieu de rencontres, de "parole", de fête, mais aussi une permanence juridique et médicale, permettant aux homos de sortir du "ghetto" où la société les confine[31] ».

Le même mois, le GLH marseillais adresse un courrier à « tous les GLH et autres ». Il y présente une pétition accompagnée d'un texte pour engager une discussion large « au boulot, parmi les proches et dans le ghetto ». « Il n'est donc plus tolérable que subsiste une discrimination sournoise et ouverte, morale et légale, contre une quelconque catégorie d'individus, avance-t-il. Les dispositions légales doivent être abolies, les préjugés combattus[32]. »

Là où la majorité des GLH sont animés par une dynamique de libération au sens large, le GLH de Marseille s'inscrit davantage dans une « lutte pour les libertés ». Celle-ci vise à dépasser les divergences politiques entre les individus, analyse Jacques Fortin, tête pensante du GLH marseillais et militant à la LCR[33]. En d'autres termes, « l'objectif,

PASQUET
MA VIE
FOOT
BALL ENTRE
CONCENTRATIO

c'est toujours de faire avancer le mouvement le plus loin possible dans ses intérêts, sans rompre le milieu[34] ». Or, avancer le plus loin possible ensemble, cela nécessite une visée et une base idéologique communes pour construire des cadres de mobilisation. La lutte contre la législation répressive apparaît comme la seule convergence évidente pour un mouvement en quête d'unité.

Pourtant, le GLH de Marseille va proposer une sorte de troisième voie adossée à deux grands axes, qu'une majorité de groupes adoptera dans les mois suivants : d'un côté, « collectiviser le soin et le souci d'assumer l'unité, la diversité, la vie quotidienne et le développement du GLH » ; et, de l'autre, « inventer un mode de vie du GLH qui après l'euphorie, l'émerveillement premier de l'an passé, nous permette d'éviter l'écueil du repliement sur nous ou la dissolution dans une sorte de groupe banal, politicien ». Tout cela afin que le « GLH de demain » soit un « GLH de masse, diversifié en son sein mais offrant une structure d'accueil et de lutte où la masse des Homos puisse se reconnaître, se chercher[35]... »

Le succès est au rendez-vous. En 1979, le GLH de Marseille obtient un nouveau local, la Boulangerie gaie. Il est devenu le plus gros GLH de France, sa fréquentation est considérable. Jacques Fortin se souvient d'une centaine de cotisants et de 200 ou 300 sympathisants. Dans les pas du GLH marseillais, le besoin de coordination commence à apparaître partout.

Le mouvement se prépare à une petite révolution.

LA « FINE FLEUR DE LA PÉDALE »

« Il nous faut [...] une coordination réelle de groupes homosexuels représentant effectivement des gens agissant sur le terrain qu'ils ont choisi, et non plus quelque chose où les parleurs ne représentent qu'eux-mêmes[36] », annonce l'*Agence Tasse* en mai 1978.

La campagne pour les élections législatives a permis à la question homosexuelle d'obtenir un large écho, et les groupes homosexuels veulent en profiter. C'est dans cette perspective que différents groupes politiques, sociaux et confessionnels organisent, sous la houlette du

GLH-PQ, la tenue d'États généraux de l'homosexualité le 29 avril 1978 à Paris, où se rassemblent divers groupes homosexuels et quelques groupes lesbiens, majoritairement implantés dans la capitale. Après des discussions en commission – et un bal, cela va de soi ! –, un communiqué de presse annonce la création d'une coordination permanente pour lutter contre la répression. Une grande rencontre nationale des GLH est alors proposée par le GLH de Lyon pour l'automne 1978, afin de « causer » des « divergences/convergences entre les différents GLH et CHA[37] ». L'invitation fait le tour de France et mobilise massivement. Ce sont 180 personnes issues de 37 groupes (CHA, GLH et quelques groupes étrangers) qui se retrouvent les 12 et 13 novembre suivants dans la banlieue lyonnaise. La « fine fleur de la pédale française et étrangère[38] » doit se mettre d'accord pour donner de nouvelles orientations au mouvement.

La première assemblée générale fait craindre le pire : « [Q]uelques "stars" tentèrent de faire leur cinéma habituel, monopolisant la parole et bloquant toute discussion un peu sérieuse[39]. » Il va sans dire qu'avec un tel rassemblement, les divergences initiales sont fortes. La MFL, dont les critiques de l'ensemble du mouvement sont nombreuses, côtoie les membres des CHA parisiens issus pour certains de la tendance trotskiste de Politique et quotidien, et des militant·es des GLH aux trajectoires diverses. Dès le départ, deux conceptions du mouvement s'opposent. Certain·es défendent une position radicale, qui refuse toute structure et craint une « banalisation[40] » du mouvement. D'autres souhaitent au contraire que la rencontre serve à s'accorder sur des revendications minimales, telle l'abrogation des lois discriminatoires. Pour *Libération,* cette rencontre serait sans précédent dans l'histoire du mouvement homosexuel français, jamais autant de groupes différents n'ayant été rassemblés à l'échelle nationale[41].

Au terme des commissions, des débats et des moments festifs, l'assemblée générale de clôture affirme que « le mouvement homosexuel n'existe pas, il n'y a qu'une infime minorité de militants homosexuels, nous ne représentons ni une force, ni une puissance[42] ». Si ce ton dramatique ne reflète pas nécessairement les dynamiques locales, il souligne l'importance de la coordination qui est appelée à émerger des rencontres. Le GLH de Marseille invite à poursuivre ces discussions au mois de juillet 1979, lors d'une Université d'été homosexuelle (UEH) dont il a imaginé le cadre.

Un peu plus d'une vingtaine de GLH seront représentés et les groupes venus de l'étranger nombreux : Belgique, Catalogne, Danemark, Suisse, Pays-Bas, Italie. Les activités y foisonnent : projections, discussions, spectacles… et même une excursion sur les îles du Frioul ! Mais certaines activités attirent plus de monde que d'autres : 300 personnes s'inscrivent aux discussions (dont une trentaine de lesbiennes[II]), un millier au bal, une centaine au rassemblement sur les marches de la gare Saint-Charles et entre 2 000 et 2 500 au gala « pour les droits et les libertés des homosexuels ». *Le Gai Pied* s'en désole : « La grosse affluence n'était pas pour les débats mais pour les spectacles. Quoi d'étonnant ! Il semble bien qu'en ce moment, on ne soit guère capable d'autre chose[43]. »

Un atelier, qui n'a réuni qu'une poignée de militants, fait pourtant basculer l'orientation du mouvement. Sous l'intitulé « Le mouvement homosexuel », il tente de dresser le bilan de l'activité des groupes des mois précédents et se concentre sur les réponses apportées à différents cas de répression. Jean Cavailhes, du GLH de Dijon, propose la mise en place d'un réseau téléphonique national : « En cas de nouvelle attaque contre un homosexuel il faudra faire circuler l'information par le réseau téléphonique et chaque ville réagira ensuite comme bon lui semble. » À la suite de l'atelier, décision est prise de rassembler non seulement des individus, mais aussi des groupes dans une structure plus large : le Comité d'urgence anti-répression homosexuelle (CUARH). « Il s'agira en premier lieu de mener une campagne contre les interdictions professionnelles pour raison d'homosexualité. Fini les discours sur l'identité homo, la radicalité, la féminité, nous nous engageons à réagir vite et pragmatiquement[44]. »

II. Des rencontres non mixtes entre lesbiennes s'organisent au même moment à Paussac en Dordogne.

NON AUX DISCRIMINATIONS

CHAPITRE 5

MAINTENANT OU JAMAIS

« LES INTERDICTIONS PROFESSIONNELLES des gai(e)s ? Mais ça n'existe plus dans notre célèbre société libérale, entendra-t-on dire ! Encore un indice de la parano des homosexuels[1] », ironise un militant, qui ne connaît que trop bien les sous-entendus de l'article 16 du Code de la fonction publique : « nul ne peut être nommé à un emploi public [...] s'il n'est pas de bonne moralité ». Ce critère de « bonne moralité », qui se prête à toutes les interprétations possibles, est une épée de Damoclès au-dessus de la tête de chaque homosexuel et lesbienne. Et comme si cela ne suffisait pas, la fonction publique est aussi refusée à toute personne ayant une « affection tuberculeuse, cancéreuse ou nerveuse ». Par « affection nerveuse », il faut comprendre « maladie mentale », une catégorie dans laquelle l'Organisation mondiale de la santé (OMS) classera l'homosexualité jusqu'en 1990. « Tant et si bien que, lors de la visite médicale qui précède toute embauche dans la fonction publique, si vous dites à votre médecin que vous êtes homosexuel/le, il peut considérer [...] que cette maladie mentale est incompatible avec une entrée dans le corps des serviteurs de l'État[2] », rapportent les militant·es. Voilà pour le cadre réglementaire.

Dans les imaginaires, il est entendu que la principale victoire du mouvement homosexuel français serait la « dépénalisation de l'homosexualité » en 1981, après l'élection de François Mitterrand. Fausse à plusieurs niveaux, cette affirmation masque un fait tangible : la mobilisation pour l'abrogation des derniers dispositifs du Code pénal qui

GOUINES • PEDES
NON A LA LOÏ FOYER
CUARH
CHOISIR
LA CAUSE
DES FEMMES
LE DROIT
A LA
DIFFERENCE
McDonald's
McDonald's
Restaurant

répriment l'homosexualité n'arrive qu'en conséquence d'une première mobilisation contre ces fameuses interdictions professionnelles.

ARTICLE 331, ALINÉA 3

À la sortie de l'UEH de Marseille, le rôle et les prérogatives de ce que doit être le CUARH ne sont pas encore définis. La nouvelle orientation pour la mobilisation n'est « ni très claire ni très crédible[3] ». De plus, après avoir ouvert la voie, les groupes en région se font de nouveau supplanter par les groupes parisiens qui cherchent à imposer le rythme de la mobilisation. Ces derniers fondent l'association CUARH-Paris et se dotent d'un local, au 1, rue Keller, qui restera celui du CUARH et de son journal tout au long de son existence. À l'automne 1979, après plusieurs réunions de coordination entre les GLH, un consensus émerge pour engager une mobilisation contre les interdictions professionnelles. Cœur de la campagne du tout jeune CUARH, une pétition recueille la signature de nombreuses personnalités et revendique 10 000 signataires en février 1980, à la plus grande joie des militant·es.

Revendicatif, le CUARH sait aussi se faire pragmatique en adoptant des répertoires d'action plus classiques. Avec la collecte de signatures pour les différentes pétitions, la distribution de tracts, la vente d'un dossier contre la répression et l'implication directe dans différents cas de répression, c'est l'essence même du militantisme homosexuel qui est en mutation. La lutte contre les interdictions professionnelles trouve un large écho dans la communauté homosexuelle. La pétition est massivement signée dans les espaces du ghetto commercial. Conséquence directe de cette action, de nombreuses personnes rejoignent le CUARH-Paris pour s'impliquer dans la campagne. Cinquante personnes participent alors régulièrement aux différentes assemblées générales parisiennes, dont un tiers de lesbiennes.

Toutes les composantes du mouvement ne se reconnaissent cependant pas dans cette nouvelle orientation de la mobilisation. Ainsi, la MFL et certains GLH radicaux, dont celui de Lille, refusent ce qui s'apparente à leurs yeux à du réformisme. Certain·es craignent qu'avec de telles revendications, et « à force de ne se mobiliser que sur le seul terrain démocratique[4] », le mouvement homosexuel et lesbien finisse par s'intégrer au jeu politique classique qu'il décriait auparavant. Ce sera donc dans un deuxième temps que l'action en faveur d'une transformation du cadre législatif sera débattue.

Les premières discussions pour construire la mobilisation prennent forme lors d'une coordination nationale des groupes membres du CUARH à Dijon, en février 1980, au cours de laquelle les militant·es dressent le constat de leur grande méconnaissance du droit. Or, les lois qui régissent l'homosexualité n'ont pas évolué depuis 1974. Valéry Giscard d'Estaing, dans une perspective de réforme, avait mis sur pied une commission de révision du Code pénal, dirigée par le sénateur centriste Henri Caillavet. À la surprise générale, celui-ci avait proposé l'abrogation de l'alinéa 2 de l'article 330 (outrage public à la pudeur commis par un·e homosexuel·le) et de l'alinéa 3 de l'article 331 (interdiction d'un rapport homosexuel avec toute personne de moins de 18 ans) dans un projet de loi soumis en 1977. Caillavet avait réussi à faire voter l'abrogation de ces deux alinéas au Sénat le 28 juin 1978, mais le tournant conservateur du gouvernement giscardien avait laissé ce projet de loi prendre la poussière sans qu'il soit jamais mis à l'ordre du jour de l'Assemblée nationale.

Il avait fallu attendre plus d'un an pour que la commission des lois de l'Assemblée nationale, présidée par le député gaulliste Jean Foyer, rende un avis contre le vote du Sénat de juin 1978 et rétablisse « le délit d'acte impudique ou contre-nature avec un mineur de même sexe ». Les militant·es avaient alors reconnu leur naïveté : « Sur la base du vote du Sénat, nous avons cru que la fin de la discrimination légale était pour demain, nous inquiétant certes du retard mis par l'Assemblée nationale à se saisir de ce texte, mais n'engageant aucun travail de sensibilisation pour le faire avancer[5]. » Et avaient craint le pire, à raison.

Le 10 avril 1980, soit quelques mois après la coordination de Dijon, et alors que l'Assemblée nationale débat d'un projet de loi relatif au viol, Jean Foyer fait voter un texte qui rétablit l'article 331, alinéa 3 du Code pénal[I]. Foyer devient la bête noire du mouvement, l'incarnation d'un ennemi clairement identifié – et une aubaine pour les militant·es.

Pour gagner sur le terrain du droit et faire cesser la répression, il faut faire front commun, mener une campagne à grand bruit et occuper la rue pour que les revendications trouvent l'écho le plus large possible. Il est décidé d'organiser un grand meeting contre la répression qui se tiendra à la Mutualité à Paris le 31 mai 1980, et dont le succès donnera le la de la suite de la mobilisation.

Au cours de la journée, deux débats sont programmés. Le premier, auquel ont été invités des membres de partis, syndicats et organisations démocratiques, dont le sénateur Caillavet, s'intitule « Les homosexuels et les lesbiennes face aux lois et au travail ». Une armée d'avocat·es y est attendue, parmi lesquel·les le socialiste Robert Badinter et les féministes Gisèle Halimi et Yvette Bourgeois, défenseuses de la cause homosexuelle. La seconde discussion porte sur l'affirmation du mouvement. À nouveau, d'éminentes figures du mouvement y participent, comme l'écrivaine Françoise d'Eaubonne ou l'historien Jean-Paul Aron. Élément primordial pour le succès de la journée et de la nuit qui suivra : un bal !

La rencontre suscite un engouement certain en région. Le GLH de Tours affrète un bus et ceux de Nantes et de Dijon annoncent chacun la venue d'une vingtaine de militant·es. De fait, le succès de la journée est à la hauteur des attentes des organisateurs et organisatrices. D'après *Libération,* 1 000 personnes prennent part l'après-midi aux débats à Jussieu et entre 3 000 et 4 000 personnes participent au gala, meeting et bal à la Mutualité. De plus, les militant·es « ont su résister au plaisir du bavardage ». Le public présent n'est pas celui des cercles habituels, ce qui permet au journal d'affirmer : « Le grand

I. Pour rappel, l'alinéa 3 de l'article 331 punit d'un emprisonnement de six mois à trois ans et d'une amende de 60 à 20 000 francs « quiconque aura commis un acte impudique ou contre nature avec un individu mineur de même sexe ». Sa numérotation change pour devenir l'article 331, alinéa 2. L'alinéa 2 de l'article 330, punissant l'outrage public à la pudeur entre personnes de même sexe est quant à lui supprimé par l'Assemblée.

DES PÉDÉS DANS
LA RU
MÈRE DENIS
AVEC NOUS !
BEN
AURA
MOSEXUALITES

nombre de lesbiennes et d'homosexuels n'appartenant pas au circuit des boîtes de nuit témoignait, en l'attente du vote à l'Assemblée nationale sur l'abrogation de la loi anti-homosexuelle, de la naissance d'une volonté politique pédé[6]. » Au cours de la soirée, et dans la ferveur générale, le CUARH décerne deux prix : d'abord le Gai-prix 1980 attribué à une personne ayant œuvré pour la cause homosexuelle, remis à Henri Caillavet, et ensuite le prix de l'homophobie que Jean Foyer décroche haut la main. La journée a un tel retentissement que dans les semaines suivantes, entre 100 et 200 personnes rejoignent le CUARH.

À l'automne 1980, alors que la loi relative au viol poursuit son jeu de navette entre le Sénat et l'Assemblée nationale, le dernier acte de la mobilisation du CUARH contre l'amendement Foyer se joue dans les rues de la capitale. Le Sénat, qui avait affirmé qu'il abrogerait l'article honni, fait soudain volte-face. Pour le CUARH, ce vote a des allures de trahison et répond aux revendications de l'extrême droite : « Le Sénat vient donner raison aux groupes fascistes qui, comme le Renouveau français, font aujourd'hui signer une pétition demandant "le maintien et l'application avec fermeté de l'article 331 du Code pénal et l'expulsion de tous les homosexuels étrangers". Faut-il rappeler que c'est Vichy qui a instauré cet article du Code pénal[7] ? »

En réaction, le CUARH annonce une manifestation le 23 octobre 1980 à Paris, pour celles et ceux « qui refusent la répression et le racisme anti-homosexuel[8] ». Sous la pluie, les manifestant·es se retrouvent place Saint-Sulpice. Selon le CUARH, 3 000 personnes se sont rendues à « la plus grande manifestation contre les discriminations anti-homosexuelles jamais vue en France », avec le soutien de nombreuses organisations syndicales et partisanes dont « les réactions n'ont jamais eu une telle ampleur[9] ». Les groupes en région appellent eux aussi à la mobilisation. À Nantes, le GLH et le GL distribuent un tract contre la répression et convoquent une conférence de presse. À Rouen, le GLH publie un communiqué repris par le journal régional *Paris-Normandie* et fait signer une pétition à différents partis, syndicats et associations démocratiques.

En dépit de cette mobilisation massive, la loi est adoptée.

Mouvement d'Information
Homosexuel Niçois -
NICE
M.I.H.N.
NICE

LA VITRINE DU MOUVEMENT

Malgré l'échec de son action contre les interdictions professionnelles et l'amendement Foyer, le CUARH est devenu en quelques mois la vitrine du mouvement homosexuel français. Dorénavant structuré et porté par des stratégies politiques et d'intervention renouvelées, il doit se doter d'un manifeste.

Découpé en 13 revendications, le manifeste du CUARH s'apparente à un cahier de doléances. Adieu les envolées prophétiques révolutionnaires de la décennie précédente, place au pragmatisme. Il s'agit de paraître sérieux, crédible et responsable. Dans la continuité de la mobilisation contre l'amendement Foyer, la première entrée du manifeste demande l'abrogation de l'article 331 alinéa 2 du Code pénal qui différencie la majorité sexuelle des hétérosexuel·les (15 ans) de celle des homosexuels et lesbiennes (18 ans). À l'image des manifestes des GLH, le CUARH réclame l'extension de la loi du 1er juillet 1972 sur le racisme au sexe et à l'orientation sexuelle. Loin des discours du FHAR qui voulaient abattre la famille, le Comité d'urgence exige la non-discrimination à l'égard des parents homosexuels en matière de droit de garde, la reconnaissance par l'administration française des droits de deux personnes vivant en couple homosexuel, mais aussi le droit à l'adoption pour les homosexuels et lesbiennes. Dans une perspective antirépressive héritée des GLH, il appelle à la suppression des fichiers et du fichage des homosexuel·les par la police et toute autre autorité; à la dissolution du Groupe de contrôle des homosexuels installé à la préfecture de police de la ville de Paris; à la fin de l'isolement pour les personnes homosexuelles en prison; et à la suppression de toute référence à l'homosexualité dans la classification des troubles mentaux par l'OMS reprise par l'État français.

Pour porter ses revendications et visibiliser sa mobilisation, le Comité d'urgence se dote de son propre instrument de propagande. L'*Agence Tasse* n'avait pas survécu à l'été 1979, si bien que pendant plus d'un an le mouvement ne disposait plus de publication propre, *Le Gai Pied*, *Masques* et les journaux locaux des GLH en devenant les canaux de communication. Pour autant, ces médias ne sont pas toujours bien disposés à l'égard du CUARH, en particulier *Le Gai Pied* qui s'en méfie farouchement et l'accuse de chercher à l'inféoder à sa ligne politique.

À la rentrée de 1980, le CUARH-Paris sort le numéro zéro d'un nouveau bulletin, *Le CUARH déchaîné.* Les militant·es l'assument, c'est un brouillon, un ballon d'essai, et dès le mois de novembre paraît une nouvelle publication, *Homophonies,* qui se veut un « périodique d'information et de liaison des lesbiennes et des homosexuels[10] ». Grâce à une couverture nationale de la mobilisation et à un annuaire mensuellement mis à jour recensant l'ensemble des groupes en présence, il devient très rapidement le journal du CUARH sur tout le territoire. En dépit des débats, crises et remous qui le secouent au fil des années, le périodique paraîtra sous diverses formes jusqu'en février 1987[11].

Les premiers mois, le journal ne diffère pas beaucoup de ce qu'était matériellement l'*Agence Tasse* : 12 pages, 5 francs, 900 exemplaires (le tirage culminera à 8 500 exemplaires). La rubrique « Ça bouge », véritable baromètre de la mobilisation où sont recensés tous les groupes en activité, s'étendra sur deux pages denses, auxquelles s'ajoutera la liste des émissions de radio gaies diffusées par les radios libres. Quelques pages en amont, le calendrier du mois permet de se faire une idée de la mobilisation en cours : la tenue d'une réunion publique à Caen, les premiers pas d'une semaine homosexuelle à Nantes ou les horaires de permanence de l'Association des médecins gais (AMG) à Paris.

Malgré les intentions très fortes de favoriser la mixité, la part des femmes au sein du comité de rédaction ne dépasse jamais le tiers. Le volontarisme pour faire vivre un journal mixte est répété à l'envi, et ce, jusque sur la couverture, où des portraits de gais et de lesbiennes alternent chaque mois. Par ailleurs, le nu masculin, qui s'étale à la même époque en pleine page dans *Le Gai Pied, Samouraï* et d'autres revues homosexuelles, est banni de la publication.

Après deux ans d'existence, l'ambition première du journal n'est plus la même : « D'abord créé comme lien militant entre les groupes du CUARH, *Homophonies* se veut aujourd'hui le mensuel des homosexuels et des lesbiennes qui s'interrogent sur l'évolution de la vie homosexuelle, sur ce qui bouge dans le mouvement et le milieu[12]. » Cette perspective s'impose au moment où le journal est diffusé en kiosque, désormais qu'il s'adresse « à toutes et tous ». Avec une pagination triplée, il fait la part belle aux rubriques culturelles et s'ouvre aux petites annonces, non sans générer des discordes entre les garçons et les filles[13]. Les lesbiennes de la rédaction craignent en effet que les garçons se réapproprient massivement cette section du journal et donnent une vision du périodique contraire à ce qu'il est, c'est-à-dire un journal mixte et militant. Un compromis est trouvé : l'établissement d'une « charte des petites annonces » et la proscription des formulations discriminatoires (« untel ou unetelle s'abstenir »).

Si le journal se structure au fil des mois, l'organisation interne du Comité d'urgence en fait autant. Après le « coup de force » parisien de l'automne 1979, comme certains groupes en région ont pu désigner la campagne nationale contre les interdictions professionnelles, les militant·es du CUARH mettent sur pied une instance, les Coordinations nationales, qui se veut démocratique et horizontale pour permettre aux différents groupes homosexuels et lesbiens d'avancer de concert[II]. Le CUARH n'a jamais été aussi représentatif de l'ensemble du mouvement français.

Tous les deux ou trois mois, les entités formant le Comité d'urgence sont invitées à des retrouvailles dans une ville différente, de Tours à Dijon, de Nantes à Troyes, entrecoupées d'arrêts réguliers dans la capitale. Ces coordinations permettent, le temps d'un weekend, de planifier les différentes campagnes nationales et de donner une orientation au mouvement. Mais c'est aussi une occasion pour les groupes de présenter les actions entreprises localement et les perspectives qu'elles façonnent.

Par ailleurs, chaque groupe hôte met un point d'honneur à organiser un bal le samedi soir, après une longue journée de discussions. Certaines choses ne changent pas ! La fête, la drague et la sexualité

II. En septembre 1981, on compte huit groupes homosexuels et lesbiens dans la capitale, tous membres du CUARH. En région, sur les 46 groupes référencés, 33 en sont désormais membres.

ont des conséquences bien réelles sur l'orientation du mouvement. Selon Catherine Gonnard, figure du comité de rédaction d'*Homophonies* et du Mouvement d'information et d'expression des lesbiennes (MIEL), au cours des soirées qui ponctuaient les coordinations, « les garçons et les filles disparaissaient et, le lendemain, les alliances étaient complètement différentes. Et difficilement compréhensibles[14] ! »

L'orientation pragmatique et revendicative du Comité d'urgence lance de nouvelles discussions. Son ambition étant de devenir une coordination nationale des groupes homosexuels et lesbiens sur une base idéologique minimale, la question de l'identité a été écartée des réflexions et des revendications. Néanmoins, cette orientation ouvre la porte à la récupération et annihile la critique du ghetto commercial (certain·es se sont ainsi étonné·es que le club Le Palace distribue des tracts pour le rassemblement à la Mutualité), en plus de faire ressembler le CUARH à un lobby, qui disparaîtrait alors le jour où ses revendications seraient satisfaites. D'autant que si le CUARH a réussi par son caractère revendicatif à sensibiliser d'autres courants et à obtenir la reconnaissance des forces institutionnelles, en contrepartie, son poids militant dans la population homosexuelle reste assez faible. Par exemple, seules 800 personnes ont fait le déplacement pour commémorer les émeutes de Stonewall lors de la manifestation du 21 juin 1980, soit à peine plus que l'année précédente. Le travail du CUARH aurait-il été vain ? Régulièrement questionné sur son rôle, le CUARH mène une autoréflexion qu'un des principaux courants critiques et réflexifs va particulièrement nourrir : les lesbiennes féministes.

LES LESBIENNES FÉMINISTES À LA CROISÉE DES CHEMINS

L'expérience de la mixité au sein des GLH a fait long feu ; c'est un échec. Dans le mouvement des femmes, les lesbiennes sont exaspérées par l'invisibilité à laquelle elles sont cantonnées et par les discours de leurs camarades hétérosexuelles, qui passent leur existence sous silence de peur d'effrayer « les masses ». Pour celles qui se définiront bientôt comme des lesbiennes radicales, il est nécessaire d'opérer une rupture totale avec la classe des hommes. Ce à quoi les féministes hétérosexuelles rétorquent que cela créerait un clivage au sein de la classe des femmes, alors que la solidarité doit être leur maître-mot. Une partie des lesbiennes quittent alors les luttes féministes et fondent un mouvement lesbien radical et séparatiste[15]. D'autres refusent toutefois d'opter pour l'un ou l'autre camp. Elles se définissent comme « lesbiennes féministes » et font le choix d'un militantisme mixte auprès des garçons homosexuels. Elles rejoignent le CUARH et vont proposer une façon inédite de lier lesbianisme et féminisme[16].

Avant toute chose, ces lesbiennes féministes doivent justifier auprès des courants lesbiens leur désir de lutter aux côtés des garçons. Certaines féministes leur reprochent d'avoir trahi l'un des principes fondamentaux du mouvement des femmes : la non-mixité. Une militante du CUARH, Fulvie, explique donc que « nous ne sommes pas *au* CUARH. Parmi tous les autres qui y travaillent, nous sommes *le* CUARH ». Elle poursuit : « Et si nous "*le*" sommes, ce n'est pas par ignorance du féminisme historique, ni par incapacité d'analyse politique, parce que nous serions otages, sous influence, en tutelle, potiches, alibis, etc., ou pire, traîtres à la cause. C'est bien un choix[17]. » En prolongement, une autre militante, Martine Cotton, défend l'idée que les lesbiennes du CUARH peuvent faire le lien entre le mouvement des femmes et celui des homosexuels, ce qui profiterait à tout le monde.

Si les lesbiennes féministes cherchent à maintenir des liens avec le mouvement féministe, elles lui reprochent d'avoir refoulé les questions de sexualité en marge de la lutte, et par là de les avoir invisibilisées. La grande majorité des femmes prendraient soi-disant peur si elles voyaient trop de lesbiennes !

D'après les lesbiennes féministes, ces discours des militantes du MLF, fortement imprégnés des analyses partisanes de gauche et d'extrême gauche, sont restés dans la ligne de la « libération à la sauce mec[18] », c'est-à-dire hétérosexuelle. Des militantes du CUARH regrettent ainsi l'absence de réflexion au sein du mouvement des femmes sur l'oppression homosexuelle au travail, dans la famille et dans le rapport au corps. Pour elles, la perspective d'une lutte pragmatique autour de ces sujets ne peut exister qu'au CUARH.

Entre lesbiennes féministes et lesbiennes radicales, les désaccords sont par ailleurs très vifs. Selon Fulvie, les militantes radicales reprochent à celles du CUARH de devenir « d'horribles "réformistes"[19] ». Mais les lesbiennes radicales reprochent surtout à leurs anciennes camarades d'entretenir des liens avec le mouvement féministe à qui elles servent d'« alibi pour sa politique anti-lesbienne[20] ».

Si au sein du CUARH les efforts pour le transformer en une organisation mixte sont réels, une bonne partie des garçons restent toujours aussi phallocrates qu'au mitan des années 1970. Il y a les misogynes crasses, comme ce Benoît : « Je ne peux pas voir les femmes. Leur présence m'est désagréable. Je la ressens comme une agression, par leur comportement, la manière dont elles s'expriment, l'envie qu'elles ont toujours de se mêler de ce qui ne les regarde pas. Pourquoi diable aller chercher les femmes ? » Il y a ceux qui affirment mener un travail de déconstruction de leur identité masculine, mais qui ne supportent pas d'être assimilés par leurs camarades à la classe des hommes en raison de l'oppression qu'ils subissent comme homosexuels, tel Xavier, qui vit « très, très mal le refus, le rejet des homosexuels hommes par le lesbianisme radical ». Il y a ceux qui n'y vont pas par quatre chemins : « En tant que pédé, je me fais suffisamment agresser par la société sans l'être encore par des lesbiennes. » Et il y a les Cassandre, ici Urbain : « Vous ne vous rendez pas compte ; la mixité sera la mort du CUARH[21]. »

Difficile, dès lors, de contredire l'idée que les garçons homosexuels sont des « agents de l'oppression » des femmes, et donc des lesbiennes, en dépit de tous ceux qui militent activement pour que ces dernières occupent leur place légitime dans le mouvement et cherchent à remettre en cause leur rôle et leur statut social de « mâle dominant[22] ».

Les lesbiennes représentent entre le tiers et la moitié des effectifs des groupe mixtes, soit bien plus qu'au temps des GLH. L'intérêt du mouvement pour la mixité se reflète également dans son principal instrument de propagande, *Homophonies*. Féminisation des textes, affirmation du terme « lesbiennes » plutôt qu'« homosexuelles » ou

« femme homosexuelle », comme c'était l'usage, tous ces choix concourent à rendre visible un sujet lesbien en pleine élaboration.

« RAZ DE MARÉE LESBIENNES »

La seconde UEH est annoncée pour juillet 1981, à Marseille. Cela fera un an que le mouvement féministe s'est scindé et, dans la course à la légitimité que chaque courant mène depuis lors, les lesbiennes revendiquant un militantisme mixte donnent de la voix. Celles du CUARH, qui se considèrent comme partie intégrante du mouvement homosexuel, rédigent un appel, « Raz de marée lesbiennes à Marseille : investissons l'UEH », car il est pour elles indispensable d'y « occuper la place » qui leur « revient »[23]. Elles veulent imposer un rapport de force aux garçons, ne pas devenir leur alibi et casser leur attitude ambiguë, voire hostile, du fait de leur misogynie.

L'appel est couronné d'un certain succès. Sur les 400 personnes qui se rendent à Marseille, une centaine de lesbiennes ont fait le voyage. Mais face au sexisme des militants et à leur refus de prendre en compte la double oppression des lesbiennes (en tant que femmes et en tant que lesbiennes), ces dernières multiplient les ateliers non mixtes. Au fil des discussions, après avoir constaté la disparition d'un grand nombre de GL en ce début de décennie et interrogé leur place en tant que lesbiennes féministes au sein du mouvement des femmes et du mouvement homosexuel, elles comprennent qu'il y a urgence : il faut constituer une coordination nationale des lesbiennes, pensée en complémentarité d'un militantisme mixte au sein du CUARH.

Il ne faudra pas attendre longtemps pour qu'elle ait lieu. Les 20 et 21 février 1982 à la Maison des femmes de Paris, le MIEL, un groupe lesbien non mixte parisien membre du CUARH[III], organise

III. Le MIEL n'est pas le seul groupe lesbien membre du CUARH. En septembre 1981, des groupes non mixtes existent à La Roche-sur-Yon, Nantes, Lille, Montpellier, Rennes, Metz et Tours, sans oublier le CIEL à Nancy. Fin 1982, on en recense aussi à Grenoble, Marseille, Besançon, Rouen et Macon.

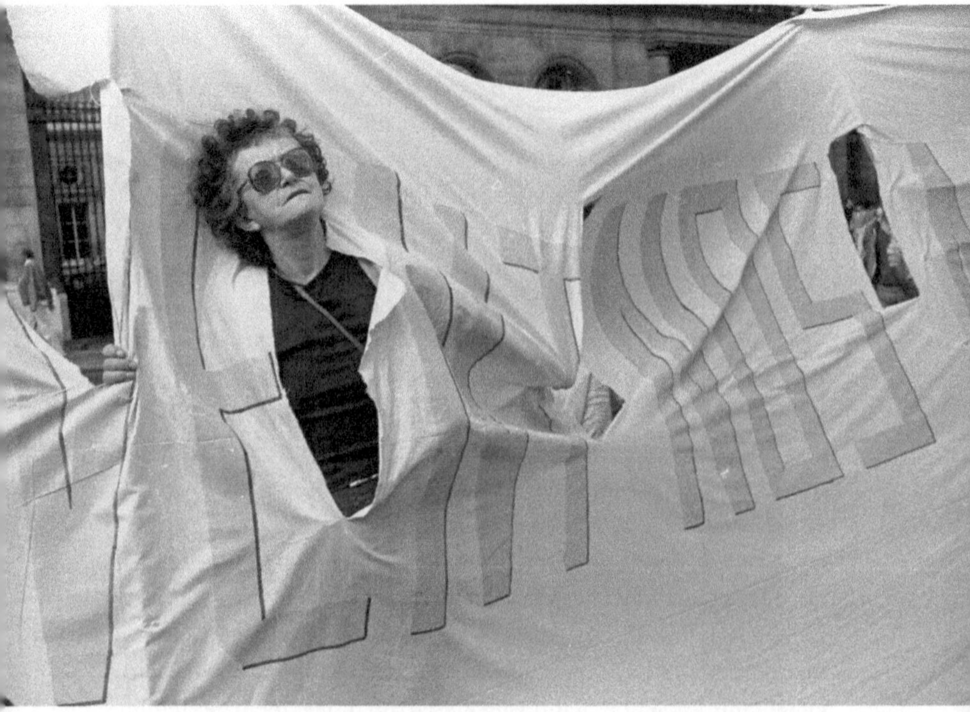

une rencontre qui rassemble 150 personnes venues à titre individuel ou en délégation. Un élément semble surprendre les militantes présentes, comme si elles se découvraient plus nombreuses qu'elles ne l'auraient imaginé : plus de la moitié des participantes militent dans un groupe mixte ou dans un GL qui fait front commun avec les GLH ou des groupes non mixtes de garçons. C'est ainsi le cas à Lille avec le Comité lillois anti-répression homosexuelle (CLARH), à Belfort, Strasbourg, Lyon ou encore Marseille.

À l'instar de l'UEH marseillaise, les liens entre les groupes représentés et le mouvement féministe sont longuement discutés. Il apparaît qu'aucune militante n'a de relation avec le MLF « déposé », mais nombreuses sont celles qui organisent des actions communes, par exemple pour la journée du 8 mars. De l'autre côté du spectre, les antagonismes avec les lesbiennes radicales se sont apaisés et les lesbiennes militant au sein du mouvement mixte élaborent leur propre perspective féministe. Françoise Renaud, militante du MIEL, note que les lesbiennes présentes « semblent avoir dépassé les querelles entre "proximité" et "anti-mixité"[24] ». Cinq commissions sont mises en place le temps de la coordination, reflétant le champ réflexif du mouvement lesbien : lesbianisme et travail, koréphilie (l'amour des jeunes filles), structures de vie, fonctionnement des groupes et histoire du mouvement. Pour autant, le dialogue renouvelé avec le mouvement féministe reste l'un des éléments de fracture entre les lesbiennes féministes et les lesbiennes radicales.

La lutte contre la répression est une autre raison qui pousse les lesbiennes féministes à s'inscrire dans une mobilisation mixte. Dans nos imaginaires, celle-ci est généralement associée à la mobilisation pour l'abrogation des articles 330 et 331 du Code pénal. Or, ces articles de loi ont eu des conséquences plus fortes pour les garçons que pour les filles, puisque la répression qu'ils engendraient était liée aux pratiques de la drague masculine et de cruising dans le ghetto sauvage. Si l'on y ajoute l'invisibilité lesbienne, du point de vue tant des pratiques que des représentations, il serait alors aisé de croire qu'aucune forme de répression ne touche spécifiquement les femmes homosexuelles. Pourtant, l'une d'entre elles engendre une mobilisation

spécifique: la garde d'enfants en cas de divorce. Entre 1980 et 1982, trois affaires ont un retentissement local, national et international[25].

Ç'aurait pu être un conte de fées. Nadia, mariée depuis quinze ans et mère de trois enfants, tombe amoureuse d'Annie et s'installe avec elle. Désormais, elle veut divorcer de son ancien mari. Mais le père des enfants, Jean-Louis, argue du lesbianisme de son ex-femme pour exiger la garde. Le GL de Nantes, qui entend parler de l'affaire, aide financièrement Nadia avant de constituer un comité de soutien et de faire circuler une pétition. Puis le GL sollicite le CUARH (dont il est membre). La mobilisation prend alors une autre tournure: *Libération* couvre l'affaire, différents GLH appellent au soutien, et syndicats, partis et autres organisations démocratiques suivent. Après de longs mois de mobilisation, et malgré le jugement de divorce « aux torts exclusifs[26] » de Nadia que prononce le tribunal, celle-ci obtient la garde de ses enfants. Les mobilisations nationales du CUARH trouvent ici un débouché réel et concret.

Mais Nadia n'est pas la seule lesbienne à se battre pour la garde de son enfant. Il y a aussi Évelyne, parmi tant d'autres. Le 12 décembre 1981, sous une pluie battante et un froid glacial, un millier de gais et de lesbiennes venu·es de toute la France et de Suisse défilent, transi·es, depuis la place des Terreaux (bien mal nommée ce jour-là) pour lui apporter leur soutien. Françoise Renaud note la participation de sympathisant·es hétérosexuel·les, mais aussi l'absence des féministes: « Serait-il plus important de se battre pour l'avortement ou le temps partiel que pour une mère lesbienne[27] ? » Le 24 avril 1982, soit quelques semaines avant le procès d'Évelyne, une nouvelle manifestation vise à maintenir la pression, mais cette fois-ci la référence à son homosexualité n'est plus un facteur déterminant. La prise en main de sa défense par Gisèle Halimi fait du procès non plus celui d'une discrimination à l'endroit d'une lesbienne, mais celui d'une discrimination faite aux femmes. Victoire – amère – pour les lesbiennes: Évelyne obtient la garde de son fils. Cet épisode souligne la persistance d'un statut de justiciables de seconde zone pour les lesbiennes.

Une dernière histoire de répression mérite d'être racontée dans le cadre des liens de solidarité internationale qui unissent les mouvements homosexuel et lesbien[IV]. En octobre 1980, Éliane Morissens, enseignante de chimie dans une école technique de la province de Hainaut, en Belgique, participe à une émission de télévision consacrée aux lesbiennes intitulée *Fragments de bonheur*. Choquée, la commission administrative de son établissement demande sa révocation au motif qu'on « ne peut pas parler d'homosexualité en occupant un emploi de responsabilité à l'enseignement provincial[28] ». En décembre, Éliane Morissens accorde une nouvelle interview à un journal homosexuel néerlandophone. Le Conseil provincial du Hainaut y voit une récidive et met l'enseignante en retraite anticipée. La réaction ne se fait pas attendre. En janvier 1982, 200 personnes se rassemblent devant l'ambassade de Belgique à Paris, puis un comité de soutien s'organise. Enfin, la Rencontre des homosexualités en Île-de-France (RHIF), par la voix de la militante lesbienne Geneviève Pastre, lance un manifeste de soutien, « Le manifeste des 370 gays[29] ». C'est la première fois que des homosexuels et des lesbiennes révèlent publiquement leur identité, comme l'avaient fait des féministes en revendiquant leur avortement dans le « Manifeste des 343 » en 1971.

Si Nadia, Évelyne et Éliane ont ainsi retrouvé un semblant de vie digne, combien sont-elles, toutes les autres, si souvent anonymes, à suffoquer sous la coupe de l'hétérophallocratisme ? Une nouvelle fois, le constat est clair, quoique tristement répétitif, et la marche à suivre impérative : pour que les amours homosexuelles et lesbiennes puissent s'exprimer au grand jour, il faut lutter contre la répression.

IV. À l'été 1978 voit le jour l'International Gay Association (IGA) qui regroupe, en février 1980, 46 organisations de 22 pays occidentaux. Les militantes de l'IGA éprouvent comme ailleurs le besoin de se réunir entre elles pour penser d'un point de vue lesbien. Elles fondent donc l'International Lesbian Information Service (ILIS), autonome mais en lien avec les garçons de l'IGA. Les activités de l'ILIS s'étiolent progressivement à la fin des années 1990. L'International Lesbian and Gay Association (ILGA), le nouveau nom de l'IGA depuis 1986, existe toujours aujourd'hui. Pour une histoire de l'ILGA, voir David Paternotte et Phillip Ayoub, « L'International Lesbian and Gay Association (ILGA) et l'expansion du militantisme LGBT dans une Europe unifiée », *Critique internationale*, vol. 70 n° 1, 2016, p. 55-70.

CHAPITRE 6

« SEPT ANS DE BONHEUR ? »

FACE À L'ÉCHEC de la mobilisation contre l'amendement Foyer et les revirements de l'Assemblée nationale, les militant·es du CUARH redoublent de motivation pour mettre fin à la législation homophobe. Une occasion rêvée se présente alors, les élections présidentielles de mai 1981, pour que « les homosexuels et les lesbiennes commencent enfin à devenir une force politique avec laquelle il faudra compter dans ce pays[1] ».

« NOTRE LIBÉRATION DÉPEND AVANT TOUT DE NOUS-MÊMES »

Comment intervenir dans une campagne présidentielle quand on est seulement quelques milliers de pédés et de gouines organisé·es ? La question est dans toutes les têtes lors de la 6e Coordination nationale du CUARH qui se tient à Angers en septembre 1980. Et les réponses possibles débattues. L'écrivain Yves Navarre, dans les pages du *Gai Pied,* propose de glisser avec son bulletin de vote « un triangle rose avec pour toute mention "alinéa 3 de l'article 331" ou simplement "nous existons"[2] », rendant ces votes nuls. Si l'idée séduit certain·es, elle est rapidement écartée. D'autres proposent de présenter un·e candidat·e homosexuel·le, démarche qui n'est pas sans embûches : il faut obtenir les 500 signatures de parrainage, couvrir le coût financier, déployer l'énergie d'une campagne électorale, choisir le ou la candidat·e, et décider du programme et de l'image de l'homosexualité mise en avant. Tensions garanties. Cette proposition est elle aussi rejetée. Une troisième, plus raisonnable, vise à élaborer une campagne pour obliger les différent·es candidat·es à l'élection à se positionner sur l'homosexualité et la législation homophobe.

Le CUARH voit grand. Des dizaines de milliers de tracts et de dépliants sont imprimés, et des milliers d'affiches sont prêtes à être collées sur l'ensemble du territoire. Le CUARH, qui estime le coût de cette campagne « à plusieurs millions de centimes » (plusieurs dizaines de milliers d'euros), en appelle aux portefeuilles des militant·es : « Mandats, chèques, dollars, marks, lingots d'or, diamants, nous acceptons tout (sauf les "emprunts russes")[3] ! » L'engouement pour la campagne est fort, d'autant que l'assassinat, dans la nuit du 20 février 1981, d'un jeune homosexuel de 26 ans, Philippe Martinot, dans le jardin des Tuileries, rend les revendications du CUARH plus actuelles que jamais.

Afin d'interpeller les candidat·es des différents partis sur leurs positions, le CUARH rédige une lettre ouverte qui récapitule ses exigences et où il s'engage à publier les réponses des un·es et des autres dans les colonnes d'*Homophonies*. Il y a d'abord ceux et celles qui ne daignent pas répondre. Sans surprise, il s'agit de la droite. Mais aussi de LO. D'autres, à gauche, promettent d'abroger « tous les textes discriminatoires à l'égard des homosexuels » (Mouvement des radicaux de gauche), ou affirment sans sourciller que leur soutien s'est exprimé « en chaque occasion » (PCF) et ajoutent que « l'homosexualité ne doit entraîner sous aucune forme, ni inégalité ni discrimination[4] » (PS). De son côté, la LCR assure un appui total aux luttes homosexuelles, tandis que le PSU défend les positions les plus progressistes de l'ensemble du spectre politique en donnant une place centrale aux mouvements minoritaires dans sa campagne. Face à ces différents positionnements, le CUARH proposera de ne pas voter au premier tour pour les candidat·es qui ne suivent pas l'ensemble de ses revendications, tandis que pour le second, les militant·es appelleront à faire barrage à Valéry Giscard d'Estaing.

Pensée comme l'apothéose de la campagne, une marche nationale est organisée le 4 avril 1981. « Se contenter d'interroger les postulant(e)s à l'Élysée ne saurait suffire si parallèlement nous ne sommes pas des milliers dans la rue avec tous les défenseurs des libertés pour exiger la fin des discriminations. Notre libération dépend avant tout de nous-mêmes[5]. » Après les journées du 31 mai et du 23 octobre contre l'amendement Foyer, les militant·es ont pris le goût du nombre et de la rue. De plus, les gais et lesbiennes n'accordent qu'une confiance toute relative au personnel politique partisan, et misent donc sur un rapport de force conséquent afin de faire adopter leurs revendications.

La mobilisation pour le succès de la marche n'est pas seulement parisienne. En plus de collages et de tractages réguliers, l'ambitieux GLH marseillais imagine réserver un wagon à la SNCF pour mener 80 personnes jusqu'à Paris. Dijon, Rouen, Nantes, Angers, Brest : les militant·es déploient une énergie démentielle en soirées d'information, projections et levées de fonds.

Et le succès est au rendez-vous : « Personne même [parmi] les plus optimistes d'entre nous, n'avait osé l'espérer ! Nous étions 12 000, peut-être 15 000 femmes et hommes, venus de toute la France et de l'étranger pour manifester, en cette période pré-électorale, notre volonté de lutter pour nos droits et libertés[6]. » Jamais une manifestation en Europe n'avait rassemblé autant d'homosexuels, de lesbiennes et de sympathisant·es, accouru·es des quatre coins du pays pour vivre ce moment historique. À l'exception d'Arcadie, toutes les organisations homosexuelles ont appelé à la marche (« Arcadie ne crie pas inutilement, persuadée que ce n'est pas dans ce vacarme qu'elle obtiendra pour les homophiles ce qu'ils espèrent[7] », explique André Baudry), comme de nombreux partis, syndicats et organisations du mouvement social.

La grande majorité des personnes présentes assistent alors à leur première manifestation homosexuelle. Nombre d'entre elles, curieuses et hésitantes, s'étaient amassées sur les trottoirs pour observer le passage du cortège, « puis convaincues par le nombre et la chaleur de la Marche, l'intégraient en cours de route[8] ». Comment résister, quand la foule bigarrée défilant est composée de « jeunes gens bon chic bon genre se tenant par la main, loubards vêtus de cuir avec un petit

MARCHE NATIONALE
POUR LES DROITS ET LIBERTES
ET LESBIENNES

anneau passé dans l'oreille, travestis, femmes se prenant par le cou, vieux homosexuels élégants, folles grimées, punks, jeunes gens aux cheveux ras et blousons d'aviateurs[9] », ainsi que l'écrit *Le Figaro* ? S'il n'est pas certain que cette sociologie au pied levé fasse rêver les lecteurs et lectrices du journal conservateur, elle a de quoi ravir les participant·es. Pour Catherine Gonnard, c'est l'un des plus beaux moments de sa vie.

Arrivé·es à Beaubourg, terminus de la marche, les manifestant·es envahissent le parvis du centre Georges-Pompidou et décorent l'édifice de leurs banderoles. Parmi d'autres orateurs et oratrices, Éliane Morissens, l'enseignante belge évincée en raison de son homosexualité, témoigne et apporte son soutien à la manifestation. Jean Cavailhes, exalté, prend la parole au nom du CUARH : « Nous vivons une journée historique. Quand vous en reparlerez plus tard, vous pourrez dire : "J'y étais." Nous sommes dans la rue, réunis pour exiger que les lesbiennes et les homosexuels puissent vivre et aimer au grand jour. C'est la première fois qu'une manifestation aussi importante a lieu en France depuis la préhistoire : les historiens ont vérifié dans leurs grimoires, et ils sont unanimes : ni la Lutèce de Vercingétorix, ni le Paname de 1979, ni le Paris de 1848 ou de la Commune n'ont connu pareille manifestation[10]. »

Sans se croire non plus maîtres de l'hôtel de ville parisien, berceau des insurrections parisiennes, les militant·es qui s'emparent successivement du micro soulignent la diversité de la mobilisation en cours. Martine Cotton, militante parisienne du Comité d'urgence, rappelle que la coordination n'est « qu'une partie du mouvement homosexuel » dont il n'a pas le « monopole ». En filigrane, après deux ans de mobilisation, se dessine une première remise en cause de l'hégémonie militante du CUARH. Ses membres reconnaissent que les besoins des gais et des lesbiennes se manifestent désormais tous azimuts et plus seulement dans la sphère politique. Pour Martine Cotton, la solution est ailleurs : « Il existe d'autres besoins : créons des groupes homos dans toutes les directions, politiques, sociales, culturelles, à tous les niveaux. D'autres structures sont possibles pour affirmer gaiement notre homosexualité ; le CUARH ne répond pas,

par exemple, à toutes les interrogations sur la radicalité, l'identité homosexuelle[11]. »

Forte de ces perspectives, une journée historique comme celle-ci ne pouvait se terminer sans une apothéose qui, ô surprise !, n'est autre qu'un gala à la Mutualité. Après la remise du prix de l'homophobie 1981 au Groupe de contrôle des homosexuels de la préfecture de police de Paris, Juliette Gréco triomphe devant un public conquis. Suit un bal qui fait danser 5 000 personnes jusqu'à l'aube. Les danseurs et danseuses se prennent-ils et elles alors à rêver que le changement tant attendu est sur le point d'advenir ? C'est en tout cas une espérance répandue : « Le 4 avril nous a donné conscience de notre force et de notre nombre ; un rapport de force existe maintenant. Comment l'exploiter[12] ? » La réponse dépendra du vainqueur de l'élection.

Le 10 mai, le candidat socialiste l'emporte avec 51,76 % des suffrages. Le soir même, place de la Bastille à Paris, où le peuple de gauche est venu fêter sa victoire, le CUARH déploie une banderole flanquée du slogan : « Les homos ont choisi la liberté ». L'espoir du changement est sur toutes les lèvres et dans toutes les têtes. Le mensuel *Le Gai Pied* titre : « Sept ans de bonheur ? »

La réponse ne se fera guère attendre.

EN ROUTE VERS LE PALAIS BOURBON

François Mitterrand élu, il est temps de faire respecter les promesses de campagne. Moins de dix jours après le second tour, le 19 mai 1981, le CUARH est reçu au siège du PS, rue de Solférino. La délégation remet alors un vade-mecum à l'antenne présidentielle, sous le titre *Mettre fin à la répression de l'homosexualité*, qui comporte trois revendications n'ayant pas besoin de passer par un vote au Parlement : la dissolution du Groupe de contrôle des homosexuels de la préfecture de Paris, la destruction des dossiers de fichage et le retrait de l'homosexualité de la liste des maladies mentales.

Après un premier moment d'effervescence à fouler les tapis rouges des salons ministériels, les militant·es s'impatientent. Les

LIBRE ACCES AUX
AIMER
OPPRESSION

contacts avec les équipes gouvernementales se distendent et Jean-Marcel Bichat, l'interlocuteur principal du CUARH, reste évasif sur les promesses de campagne. Il faut attendre la mi-juin pour que Gaston Defferre, le nouveau ministre de l'Intérieur, signe par l'intermédiaire de son directeur de cabinet Maurice Grimaud une lettre à destination du directeur général de la police nationale, Maurice Lambert, dans laquelle il donne satisfaction au CUARH sur les mesures promises avant les législatives. La valeur historique et symbolique de ce courrier pour l'ensemble du mouvement est exceptionnelle, sonnant la revanche des gais et des lesbiennes sur une institution répressive qui leur a toujours été hostile :

> Mon attention a été appelée sur l'attitude des services de police à l'égard des homosexuels.
>
> J'apprends en particulier qu'il existe au sein de la brigade des Stupéfiants et du Proxénétisme de la Préfecture de police un groupe d'inspecteurs spécialisé dans le contrôle des établissements fréquentés par des homosexuels. Je crois savoir également qu'à l'occasion de contrôles d'identité pratiqués dans les lieux de rencontre, des personnes seraient fichées comme « homosexuels ».
>
> S'il est tout à fait dans les missions de la police de surveiller les établissements ouverts au public et susceptibles de troubler l'ordre, par contre et conformément aux orientations définies par le Président de la République, aucune distinction, aucune discrimination ni, à plus forte raison, aucune suspicion ne saurait peser sur des personnes en fonction de leur seule orientation sexuelle.
>
> Je vous demande de prendre rapidement toutes dispositions pour mettre fin à des discriminations de cette nature et de bien vouloir m'en rendre compte[13].

Si une partie du personnel politique s'efforce d'appliquer les promesses socialistes malgré un calendrier qui ne laisse aucun répit, les forces policières et judiciaires, elles, semblent vouloir les entraver à tout prix. La veille de la signature de la circulaire Defferre, comme s'il s'agissait d'un baroud d'honneur, les chefs du Groupe de contrôle, MM. Marhin et Lemmonier, ferment le bar gai Le BH. Mais, signe que les temps ont changé, les patrons du bar refusent de se soumettre à l'autorité policière et rouvrent le lieu avec le soutien du CUARH.

« Pour la première fois en France, ce sont les homos qui ont sorti les flics[14] », dira le militant Jan-Paul Pouliquen.

Main dans la main, la préfecture de police et la mairie de Paris interdisent successivement un pique-nique festif dans le bois de Vincennes le 28 juin et le traditionnel bal du CUARH du 14 juillet, en face de la cathédrale Notre-Dame. La justice n'est pas en reste. Le 24 juin 1981, le tribunal de Bobigny condamne trois personnes sur la base de l'article 331-2 à des peines de prison allant d'un an ferme à un an avec sursis et trois ans de mise à l'épreuve. Le CUARH « s'étonne de cette disharmonie manifeste entre les intentions du pouvoir politique et la pratique judiciaire[15] ». Ce brusque rappel à la réalité pousse le CUARH à vouloir agir au plus vite pour mettre fin à cet article de loi.

Or, la temporalité du travail parlementaire est tout autre que celle d'une circulaire. En attendant le vote, le CUARH demande l'amnistie pour les condamnations antérieures à l'entrée en vigueur de la loi. Au terme de tractations avec le cabinet du ministre de la Justice, Robert Badinter, c'est chose faite le 31 juillet 1981. Puis, en septembre, alors que la suite semble écrite, coup de théâtre : une entrevue au cabinet du premier ministre assure le CUARH de l'abrogation de l'article de loi, mais seulement lors de la révision du Code pénal prévue pour la fin 1982. Le gouvernement, arguant d'une circulaire envoyée par la Chancellerie aux différents parquets qui invite ces derniers à ne plus instruire d'affaires portant sur l'article 331, ne voit plus l'urgence de modifier la loi. Chez les militant·es, la déception nourrit une défiance croissante envers le gouvernement.

La Coordination nationale du CUARH décide alors de mettre le gouvernement devant ses responsabilités. « [C]'est un choix politique que de donner la priorité à des projets comme ceux concernant l'avènement au statut de commune de la ville nouvelle de Vaudreuil ou instituant le 8 mai comme jour férié[16] », et d'en délaisser d'autres, rappelle-t-elle. La mobilisation finit par payer. Le gouvernement inscrit l'abrogation de l'article 331-2 du Code pénal à l'ordre du jour des travaux parlementaires de décembre 1981. Gisèle Halimi, députée depuis juin, est désignée comme rapporteuse.

Le débat parlementaire mené au palais Bourbon remet en scène le conservatisme de la droite, incarné par son héraut Jean Foyer, qui donne cependant une prestation plutôt convenue. Alors que le socialiste Raymond Forni défend l'idée que le rapport Halimi « est tout simplement un hymne à la liberté et au libre choix [...] de sa sexualité », Foyer considère qu'abroger cette disposition légale revient à encourager les « agissements du vieillard lubrique qui sodomise un gamin de 15 ans ». Robert Badinter ne peut s'empêcher de répondre : « Mais, monsieur Foyer, quel père de famille pourrait supporter la même vision d'un vieillard lubrique sodomisant une jeune fille de 15 ans[17] ? » Le résultat du vote est sans appel : 327 voix en faveur de l'abrogation, 155 contre. Six mois de navette parlementaire plus tard, le 4 août 1982, l'abrogation de l'article 331, alinéa 2, est signée par François Mitterrand et publiée au *Journal officiel* dans la foulée. Ainsi s'achève un régime d'exception de quarante ans pour les homosexuels et les lesbiennes.

« ET MAINTENANT, ON FAIT QUOI ? »

Maintenant que sa revendication principale est sur le point d'être satisfaite, le CUARH a-t-il encore une raison d'être ? La question est discutée tout au long de cet été 1981. Pour le militant Vincent Legret, le CUARH, « tel qu'originellement conçu, n'est pas loin d'avoir terminé son travail[18] ». Albert Rosse abonde dans le même sens : « L'élection de François Mitterrand à la Présidence de la République aura eu au moins une conséquence que personne n'attendait : provoquer dans le mouvement homosexuel un désarroi de la plus belle espèce. » La loi emblématique ayant été abrogée, « c'est le principe même d'un type unique de regroupement qui est remis en question[19] ».

Toujours selon Vincent Legret, l'une des principales forces du mouvement homosexuel français est sa diversité, celle-là même que le CUARH a cherché à rallier autour d'une lutte commune pour ses droits. Le mouvement, qui ne peut prendre exemple sur aucun autre mouvement social, serait « condamné à sa spécificité », c'est-à-dire regrouper des personnes sur la seule base de leur homosexualité.

« S'il veut rassembler pour pouvoir vivre, il doit vivre pour rassembler et, en conséquence, il doit se situer en dehors de tout choix politique préétabli qui serait le moteur de son action. » Ce que Legret dénonce entre les lignes, c'est l'inscription à gauche du mouvement, et tout particulièrement du CUARH. Pour que le mouvement soit opérant et autonome, celui-ci devrait plutôt s'adresser à tous les homosexuels et toutes les lesbiennes, de droite comme de gauche. Dans cette logique, il n'est pas question d'être « otage de qui que ce soit » et le mouvement se doit d'être « un groupe de pression et non pas un groupe de soutien, voire d'appoint[20] », à un parti.

À l'inverse, Hervé Liffran rappelle que c'est bien parce que des gais et des lesbiennes ont lutté « contre ce qu'ils estimaient injuste, intolérable », qu'aujourd'hui « les lieux homos se sont multipliés », que la « presse gaie s'est développée » et que « le gouvernement nouvellement nommé s'est engagé à prendre des mesures en faveur de nos libertés[21] ». Et cette lutte, qu'il fait remonter à la naissance du FHAR dix ans plus tôt, est clairement inscrite à gauche, voire à l'extrême gauche.

Une Coordination nationale du CUARH se tient fin septembre 1981 à Lyon, afin de penser aux suites de la mobilisation. Une simple lutte législative ne suffisant pas pour mettre définitivement fin à toutes les formes de discriminations envers les gais et les lesbiennes, le mouvement doit provoquer un véritable changement des mentalités. Il y aurait là une sorte de « retour aux sources[22] » de la part du mouvement homosexuel français : ne pas donner l'impression d'un bloc monolithique, mais au contraire celle d'un regroupement d'une myriade d'entités aux identités spécifiques et autonomes, ayant noué des alliances et des complicités dans un but commun, une « somme d'impulsions multiples » plutôt qu'un « attroupement de "fidèles" qui auraient accepté de marcher tous au même pas[23] ».

Au cours de ces rencontres lyonnaises, la structure du CUARH est longuement discutée, signe des tensions croissantes. « La rencontre de Lyon avait un amusant côté "rétro" », raconte le journaliste du *Gai Pied* Frank Arnal. « Le passé, celui des années 75-78, revenait à nos mémoires à entendre les conciliabules de couloir, à voir la cohue lors du vote des résolutions, devant les échauffourées verbales à la limite de l'insulte. » Au cœur des échauffourées, la place du CUARH-Paris. Il est souvent admis que ce dernier et le CUARH national ne forment qu'une seule et même entité, alors que tous les autres groupes devraient disposer de leur autonomie et ne pas être guidés par les groupes de la capitale. Cette allégation est renforcée par la croyance que le comité de rédaction d'*Homophonies* s'est progressivement substitué au CUARH-Paris et a pris l'ascendant dans le CUARH national sans être un groupe en tant que tel. Il apparaît alors nécessaire de rétablir des formes démocratiques dans le fonctionnement interne. Dans cette perspective, les militant·es pérennisent la Commission nationale mise sur pied pour la campagne présidentielle. Son but est de prendre des décisions sans attendre la tenue d'une Coordination nationale, l'instance démocratique du mouvement qui ne se réunit que tous les deux à trois mois, afin d'engager le Comité d'urgence lorsque l'actualité l'exige.

De son côté, le CUARH-Paris prend le nom de Comité parisien anti-répression homosexuelle (COPARH), et d'autres changements bureaucratiques visent à démocratiser son fonctionnement. Le CUARH devient ainsi une association, dont les statuts, largement débattus, sont déposés à la préfecture de Marseille pour contrer la prééminence parisienne. Grâce à une subvention du ministère de la Culture, le CUARH salarie en 1983 un permanent en la personne d'Hervé Liffran. Symbole d'un militantisme gai et lesbien qui s'institutionnalise, le vote fait progressivement son apparition au sein de ce groupe pourtant rompu à la pratique du consensus. N'en déplaise à Frank Arnal, on est bien loin des assemblées générales tempétueuses du FHAR une décennie plus tôt. Désormais, il s'agit d'être sérieux et crédibles face à de potentiels partenaires et à l'adversaire.

Toutes ces vigilances et précautions ne suffisent cependant pas à maintenir l'unité. Avant même la Coordination nationale de Lyon, le Centre du Christ libérateur (CCL) rédige un courrier de trois pages pour mettre en lumière ses désaccords et annoncer son départ du CUARH-Paris, « avec lequel une collaboration ne nous paraît aujourd'hui ni possible ni adéquate ». Selon lui, « le CUARH fait l'objet d'une âpre lutte pour la conquête de sa direction, en vue d'une exploitation politique tout à fait incompatible avec la défense des homosexuel(le)s telle que nous la concevons ». Le CCL s'en prend à la double casquette d'un certain nombre de militant·es, qui en plus de militer au CUARH sont membres d'une organisation partisane, de gauche ou d'extrême gauche. Il craint que le CUARH s'inféode à des partis et défende son propre agenda politique, oubliant sa raison d'être première, c'est-à-dire la défense des homosexuels et des lesbiennes. Dans les pas de Vincent Legret, le CCL déclare ne pas vouloir que « tout soit conçu, décidé, organisé, puis imprimé dans des officines politiques ou leurs émanations », alors que ce serait « ce qui se prépare[24] ».

Si la crainte de la récupération politique est l'argumentaire défendu par le CCL, c'est en définitive le refus que le CUARH soit trop marqué à gauche qui entraîne cette première rupture au sein du mouvement, comme un écho à la décennie précédente. Il faut dire aussi que le CCL, fondé en 1976 par un ancien pasteur, Joseph Doucé, s'était fait connaître pour son approche communautaire, chrétienne, loin de toute volonté de respectabilité arcadienne. En 1977, il crée dans le 17e arrondissement un centre ouvert aux « lesbiennes, juifs homosexuels, pédophiles, travestis, transsexuels, sadomasochistes, espérantistes, handicapés, mariés, bisexuels, sourds-muets, etc. », en clair aux plus « défavorisés » et aux « rejetés[25] », y compris du monde homosexuel[I]. Ce groupe un peu étrange, fourre-tout, qui accueille les marginales et marginaux parmi les marginales et marginaux, prône une perspective communautaire radicale qui ne peut s'inscrire dans un axe politique droite-gauche, sinon dans une volonté de libé-

I. Le CCL permet aussi à ceux et celles qui ne forment pas encore le Beit Haverim – un groupe religieux homosexuel pour les juifs et juives – de se réunir en son sein. Le groupe de rencontre et d'étude se fait connaître par le biais d'une brève dans *Libération*. Il officialise sa fondation le 1er février 1977 à Paris. Pour une histoire du Beit Haverim, voir Martine Gross, « History of Beit Haverim », dans Martine Gross, Sophie Nizard et Yann Scioldo-Zurcher (dir.), *Gender, Families and Transmission in the Contemporary Jewish Context*, Newcastle upon Tyne, Cambridge Scholars, 2017.

rer les homosexuel·les par le Christ. Et à défaut du Christ, c'est le pasteur Doucé qui se charge d'affranchir ses ouailles.

Deux mois après la Coordination de Lyon, une partie des militant·es du CUARH-Paris – dont Vincent Legret – réaffirment leur critique de l'ancrage à gauche du CUARH et annoncent la fondation d'un nouveau groupe, la RHIF. Deux tendances cohabiteraient dorénavant au sein du mouvement parisien : l'une, celle de la RHIF et de Legret, « qui a compris la nécessité de faire pression sur les partis et les syndicats, mais qui refuse de s'inféoder à toute idéologie, fût-elle de gauche ou de droite ». L'autre, celle des méchant·es gauchistes du CUARH-Paris, qui voudrait inscrire le CUARH national à gauche, voire à l'extrême gauche, et considère que la lutte contre l'homophobie passe par un combat contre les partis de droite. « Comme si pour certains la société de classes était seule responsable des maux qui frappent les homosexuels/elles et les lesbiennes[26] », déplorent les sécessionnistes. Au sein d'un mouvement jusqu'ici profondément ancré à gauche de l'échiquier politique, il s'agit du premier glissement vers des positions libérales.

ON PREND LES MÊMES ET ON RECOMMENCE

Les formes traditionnelles et éprouvées d'un militantisme revendicatif ne suffisent plus. Au sein du CUARH, s'il est vrai que les potentiels sujets de mobilisation sont encore nombreux, un murmure se propage dans le ghetto et en dehors : le plus dur est derrière, il s'agit désormais de profiter des nouvelles libertés. Perte d'énergie, perte d'enthousiasme, les militant·es sont alors à la peine. Il faut rapidement imaginer de nouvelles formes de mobilisation, de nouveaux objectifs.

Lors de la Coordination nationale de septembre 1981 à Lyon, tandis que l'article 331-2 est toujours en vigueur, il est déjà décidé d'ouvrir un second front sur le plan des mentalités pour que chaque homosexuel et chaque lesbienne puisse vivre librement. Nécessité fait loi : pour atteindre cet objectif, l'opinion publique doit être sensibilisée par tous les moyens, y compris les médias. Un an plus tard,

MARCHE NATIONALE
HOMOSEXUELS
LESBIENNES
TAPIS

en septembre 1982, à Nantes, le GLH de Dijon propose ce qui sera la dernière campagne du CUARH à forte valeur symbolique, prônant l'extension des lois antiracistes de 1972 et 1975 à l'homosexualité en raison de la persistance des discriminations : interdictions professionnelles, difficultés d'accès au logement, refus de la garde d'enfants, appels à la haine, fichage, injures… La liste est longue.

Les tactiques victorieuses d'hier seront celles de demain, c'est la logique : pétitions, manifestations, pression sur le monde politique, etc. Si le rapport de force est du côté du CUARH, François Mitterrand n'ayant pas honoré toutes ses promesses de campagne, les militant·es se défendent de verser dans le « crétinisme parlementaire ». Ce n'est pas parce que des lois existent que la situation concrète change, personne n'est dupe. Et comme le stipule Jean Cavailhes, « c'est en tant que point d'appui pour les luttes antidiscriminatoires que le projet de loi antisexiste nous intéresse[27] ».

Seulement, lors d'une nouvelle Coordination du CUARH à Lyon en janvier 1983, un constat ternit le tableau : la campagne pour l'extension des lois antiracistes à l'homosexualité patauge. Certain·es parlent même de « trois mois de perdus ». La pétition n'a recueilli que 1 500 signatures et les personnalités auparavant si promptes à apposer la leur en bas d'une lettre ouverte sont aux abonnées absentes. Ce sont les premiers signes d'un ralentissement de la mobilisation à l'échelle nationale. L'intérêt et l'énergie des militant·es pour des revendications législatives semblent s'être amoindris. Et il faudra attendre deux ans, à l'été 1985, quand le CUARH ne sera plus que l'ombre de lui-même, pour que les lois antiracistes de 1972 et 1975 soient étendues à l'homophobie.

Si le doute s'est propagé chez les militant·es depuis l'élection présidentielle, le CUARH persiste et décide d'organiser une marche nationale le 19 juin 1982. L'appel, rédigé par un certain Gérard Emmanuel, fustige celles et ceux qui considèrent qu'avec l'élection de Mitterrand « une fée, munie de sa baguette magique, tout à coup avait résolu tous nos problèmes et qu'en l'espace de quelques mois, la majorité des Français et Françaises hétérosexuels avaient rattrapé deux mille ans de civilisation[28]… » La lune de miel avec la nouvelle

SEMME

majorité présidentielle est consommée. À celles et ceux qui ont remis leurs perspectives d'émancipation entre les mains du PS, Gérard Emmanuel rappelle que l'intérêt du parti pour la question homosexuelle date de 1978, pas avant, et que seule l'action des groupes homosexuels et lesbiens a permis la prise en compte de leurs revendications. Ainsi, selon lui, les quelques résultats obtenus sont le fruit d'un acharnement du mouvement en général, et du CUARH en particulier. Vu l'ampleur du travail à accomplir, le rapport de force dans la rue reste nécessaire.

Toutefois, les attentes des gais et des lesbiennes à l'égard du mouvement ont bien changé. Pour le CUARH, il n'y a alors pas le choix. La marche « se devra de revêtir un caractère plus gai, plus "californien" : une grande fête sur fond de revendications précises[29] », comme s'il fallait se défaire de ses cadres normatifs, hérités des organisations politiques et syndicales, pour allier fête et revendications. L'influence étatsunienne se fait de plus en plus prégnante dans les imaginaires d'une *pride* (à l'anglo-saxonne) réussie – la filiation historique avec le 1er mai n'est plus qu'un souvenir encombrant. L'affiche réalisée pour l'occasion efface tout vocable évoquant la moindre perspective militante. Ce qui était une « marche » ou une « manifestation » est devenu une « grande fête défilé[30] », où chacun·e doit pouvoir trouver sa place.

La propagande imaginée par le CUARH s'adapte de la même façon aux nouvelles réalités des gais et des lesbiennes. En plus de 10 000 tracts, il prévoit l'impression de 20 000 serviettes en papier (10 000 pour Paris, 10 000 pour la « province ») à distribuer dans les divers restaurants gais. Les liens du mouvement avec ce qui était encore qualifié de ghetto commercial quelques années auparavant sont de plus en plus forts. Les mondes gais et lesbiens se transforment en profondeur.

Bilan de la marche : le CUARH est satisfait. Dans un élan poétique, il raconte que « nous partîmes 5 000 mais par un prompt renfort nous nous vîmes plus de 15 000 en arrivant à Beaubourg[31] ». Se souvenant que lors de la marche précédente elles avaient été totalement laissées dans l'ombre, cette fois-ci, après la première banderole unitaire, les lesbiennes tiennent la leur. Et comme l'année précédente, tout s'enchaîne et se ressemble : un gala est organisé à la Mutualité, où la chanteuse Marie-Paule Belle fait salle comble. Un espace non mixte de 1 500 places est réservé aux lesbiennes, ce qui n'est pas sans poser problème, encore, à certains garçons. Sur scène, le prix de l'homophobie 1982 est décerné à Mgr Léon-Arthur Elchinger, évêque de Strasbourg, pour sa comparaison des gais et des lesbiennes à des infirmes. Puis le traditionnel bal s'étire jusqu'au petit matin, au cours duquel « chacun et chacune aura pu chercher quelque coin d'intimité plus ou moins collective et compagnon ou compagne avec qui repartir par le premier métro[32] ».

Rendez-vous est pris pour l'année suivante afin de célébrer une nouvelle journée d'affirmation homosexuelle.

ÉCHECS EN CASCADE

Au lendemain de la marche nationale se tient une réunion en vue des États généraux des homosexualités. Depuis l'UEH de l'été précédent, l'idée avait germé d'organiser de telles rencontres, partant du constat que les temps estivaux étaient les seuls où les divers groupes, associations et tendances se retrouvaient sur un temps long pour faire converger leurs forces. Or, ces occasions étant trop rares et considérées comme élitistes, les États généraux ambitionnent de rassembler les homosexuels et lesbiennes de toutes « tendances et formes d'expression confondues » pour constituer « un mouvement homosexuel beaucoup plus vaste[33] ». Celui-ci ne se centrerait plus seulement sur le défensif, le répressif et le juridique, mais apporterait une nouvelle attention aux formes et aux modes de vie gais et lesbiens.

Les États généraux sont prévus en novembre 1983 – une année de préparation ne semble pas de trop. Et pour mener cette tâche à bien, à savoir regrouper toutes les tendances et donner voix aux sensibilités en présence, le Comité homosexuel et lesbien d'organisation des États généraux des homosexualités (CHLOEGH) sort de terre. D'une certaine façon, ce dernier cherche à concrétiser ce que le CUARH n'a que partiellement réussi : unifier la mobilisation.

Dès la fin de l'année, des assises régionales se tiennent en parallèle afin d'alimenter les débats des États généraux nationaux et de ne pas « se laisser asphyxier par des initiatives parisiennes[34] ». À l'est, les groupes de Besançon et de Dijon font le choix d'un rendez-vous entre toutes les entités de Bourgogne et de Franche-Comté, tandis qu'à Lyon, seuls huit groupes sont au rendez-vous – c'est bien peu. Ces rencontres décentralisées ne rassemblent guère, faisant craindre le pire pour la suite.

Dans l'imaginaire de certain·es, le CHLOEGH tend à prendre en charge les prérogatives du CUARH, dans la mesure où l'association se veut représentative de toutes les composantes du mouvement. Dans cette logique, et afin d'atténuer l'empreinte politique que certain·es lui reprochent, la marche nationale de juin 1983 n'est plus organisée par le CUARH, mais par le CHLOEGH. C'est une forme de réponse au fait que des « gays n'ont pas participé à la marche de l'année dernière, précisément parce qu'il s'agissait de la manifestation d'un groupe militant[35] », comme l'explique Kootz, rédacteur du magazine gai *Samouraï*. Après de nombreuses tractations, le CHLOEGH présente cette marche comme une « fête des homosexualités[36] », en référence aux *gay pride*s étatsuniennes.

Les lesbiennes se montrent très critiques à l'égard de cette dépolitisation. Pour elles, la marche du 18 juin 1983 est un moment unique d'unité des revues et des groupes non mixtes lesbiens parisiens. On y trouve la revue *Espaces* conçue par des lesbiennes radicales, le groupe Feuilles vives[II] travaillant sur les archives lesbiennes, le mensuel *Lesbia*, le MIEL, ainsi que le TREFL, un nouveau groupe lesbien féministe. Les groupes lesbiens participant à l'organisation de la journée ont obtenu à l'arraché de défiler en tête de cortège sous la banderole : « Le lesbianisme est politique ». Cette nouvelle – et éphémère – unité apparaît dans l'appel à la marche : « Lesbiennes, le 18 juin sera l'occasion pour nous d'affirmer, toutes ensemble, notre existence. Soyons les plus nombreuses possible, pour lutter contre notre invisibilité et exprimer nos diversités. Cette manifestation doit nous voir, nous entendre, par milliers[37]. » Il ne reste plus qu'à défiler.

II. Ce collectif est le précurseur des Archives, recherches, cultures lesbiennes.

COMITE
REPRESSION

« Gay pride ou marche militante ? » Telle est la question que se posent les militant·es au sortir de la manifestation. Certain·es voudraient répondre : aucune des deux. Michel Branchu, journaliste du *Gai Pied*, rapporte le sentiment d'un cortège « tristounet, comme si on s'ennuyait ferme[38] ». Les organisateurs et organisatrices de la marche revendiquent 10 000 participant·es, soit moins que l'année précédente, quand *Libération* en comptabilise 5 000 et constate : « Malgré la musique, les rares costumes spectaculaires, la marche s'étire tranquillement, sans rythme[39] », ce qui fait écho au « mode mineur[40] » évoqué par *Homophonies* à propos du cortège.

Or, la tranquillité n'était qu'illusoire. Françoise Renaud et Denis Boullé, membres du CUARH, racontent que la tête de cortège a concentré « les haines et agressions diverses » : « La non-mixité de ce cortège fut problématique. Malgré, ou à cause, des appels des organisatrices demandant aux hommes de rejoindre la partie mixte de la marche, des mecs, pédés ou non, le plus souvent amenés par leurs copines s'intégrèrent à la tête de la manifestation. Ces dernières étant les plus violentes vis-à-vis des lesbiennes qu'elles traitaient de tous les noms d'oiseaux quand elles voyaient refouler leurs copains[41]. » Par ailleurs, malgré l'appel unitaire de la marche et les très nombreux signataires du texte d'invitation, les groupes de « province » sont finalement peu nombreux à avoir fait le déplacement.

Fait notable, pour la première fois dans la récente histoire des marches nationales des homosexuels et lesbiennes, des chars et des véhicules sponsorisés par des établissements gais commerciaux défilent. Ces derniers (parmi lesquels le club Limelight Boys, le King Sauna ou encore le Tem, « la boutique de vos fantasmes gay ») ont ainsi pu s'offrir une publicité gratuite, ce qui reste en travers de la gorge de certain·es.

À la Mutualité, le soir, on se bouscule moins que d'habitude et Nicole Croisille, la vedette invitée pour le gala, ne fait pas l'unanimité. L'espace non mixte lesbien fait à nouveau face aux provocations, mais quelques centaines de femmes et lesbiennes s'y retrouvent tout de même.

Ce 18 juin 1983, qui devait être une journée historique pour le mouvement, laisse finalement un souvenir amer et pousse les membres

URES-FURS
BOYS

du CHLOEGH à réévaluer la faisabilité des États généraux. « Peut-on aujourd'hui se payer le luxe d'un échec c'est-à-dire d'une initiative ratée qui serait bien en dessous des objectifs fixés initialement[42] ? »

En septembre, la décision tombe : les États généraux n'auront pas lieu. Cet échec de l'organisation des rencontres, projet porté depuis bientôt deux ans d'abord par le CUARH, puis par la revue *Masques* et enfin par le CHLOEGH, est le premier revers significatif du mouvement dans ses ambitions de maintenir une mobilisation nationale.

CHAPITRE 7

HOMOSEXUALISER LE MONDE

« Les faits sont têtus : le mouvement homosexuel est le seul groupe social à mobiliser des foules plus nombreuses qu'avant l'arrivée de la gauche au gouvernement. C'est là le signe de notre indépendance politique et de notre force[1]. » Cette affirmation du comité de rédaction d'*Homophonies*, à l'été 1982, va à l'encontre d'une idée répandue jusqu'à aujourd'hui, selon laquelle l'élection de François Mitterrand signe les prémices de la fin de la mobilisation, renvoyant au passage un mouvement lesbien en pleine ébullition dans les oubliettes de l'histoire. Le militantisme existentiel, que les gais et les lesbiennes avaient, au moins partiellement, mis de côté pour se consacrer aux campagnes successives en faveur de l'abrogation de la législation homophobe, fait pourtant un retour remarqué. Entre 1982 et 1984, l'activité des groupes à travers l'Hexagone est plus foisonnante que jamais, conséquence du développement d'un « espace de la cause[I] » des gais et des lesbiennes et de ses différentes sphères. Être, tout simplement, et vivre les nouvelles possibilités d'émancipation, voilà ce qui compte.

I. Pour cette nouvelle séquence de la mobilisation homosexuelle, la notion d'« espace de la cause » élaborée par la sociologue Laure Bereni est plus pertinente que celle de « mouvement ». La mobilisation des années 1970, principalement constituée d'une sphère politique doublée d'une sphère confessionnelle, fait émerger de nouveaux espaces de mobilisation : social et d'assistance, culturel, médiatique et de loisir, syndical et partisan, et enfin de santé. Cette notion désigne avec plus d'acuité un large éventail de mobilisations que celle de mouvement englobe difficilement à partir du début des années 1980.

VIVRE GAI MAINTENANT, PARTOUT, TOUT LE TEMPS !

Paris change de visage. L'homosexualité calfeutrée de la rue Sainte-Anne prend ses aises et s'expose au grand jour.

> [O]n peut vivre « gai » 24 heures sur 24 : prendre son petit déjeuner en écoutant Fréquence gaie, aller travailler dans la seconde voiture du métro où l'on pratique une drague matinale ; ensuite, en déjeunant, lire la presse gaie, passer dans un bar gai boire un verre avant d'aller dîner dans un restaurant gai, d'où l'on ira en boîte gaie. Répondre à quelques petites annonces pour meubler les temps morts, ou bien faire un tour au square du coin en quête d'aventure, écouter Fréquence gaie en se couchant le soir, et puis… dormir gai. La littérature gaie, le cinéma homosexuel (à domicile avec les magnétoscopes) et les campings gais pour les vacances : il doit être possible de vivre 365 jours dans ce monde-là sans s'y ennuyer[2].

Entre la rue des Lombards et la rue Vieille-du-Temple, au cœur du quartier du Marais, grâce à des loyers relativement modérés et la réputation d'un endroit peu sûr, une série de bars ouvrent avec pignon sur rue. Rue Sainte-Anne, le marché « reposait sur trois principes : "il est impossible de faire sortir les homosexuels avant minuit", "ils ne consomment qu'un verre" (il faut donc le faire payer cher) et "il faut sélectionner l'entrée pour éviter les gigolos"[3] ». Dans le Marais, les prix sont bas, tables et chaises sont disposées sur le trottoir et la clientèle s'affiche au grand jour. Un nouveau modèle économique se développe alors dans le sens d'un *coming out* généralisé, alliant visibilité et popularisation. Un premier bar, Le Village, s'y installe en 1978. Puis les ouvertures se succèdent à un rythme régulier, de 1979 à 1983 : Le 10 du Perche, Le Duplex, Le Central, Le Piano Zinc, Le Coffee Shop ou encore Le Swing.

En parallèle, importée des États-Unis à la fin des années 1970 et popularisée dans le reste de la France au début des années 1980, la backroom s'impose dans les bars et les boîtes de nuit. Le Bronx, rue Sainte-Anne, est le premier bar homosexuel à proposer cette « arrière-salle » à ses clients dès 1975, dont l'euphémisme de la traduction peut faire sourire. Mais c'est Le Manhattan, ouvert en 1976, qui déclenche l'engouement pour ce nouveau « concept ». Au rez-de-chaussée, un bar des plus classiques où boire un verre et, pour certains, s'offrir un peu de courage. Au fond de la salle, un escalier descend dans un sous-sol plongé dans la pénombre, où s'ouvre alors un nouveau monde. Là, les corps sont plus ou moins nus et chacun se laisse aller à ses désirs. Les garçons peuvent y vivre une sexualité libre et décomplexée, embrasser pleinement cette nouvelle forme de cruising à l'abri de la répression policière. Entre 1979 et 1984, les backrooms se multiplient à toute vitesse. Le Bistrot des Halles, Le Transfert, Le Trap, Le Broad, Le Haute Tension ou Le Keller sont les fers de lance de cette nouvelle culture.

Au mitan des années 1970, seul le GLH-GB entendait établir un dialogue avec le secteur commercial. Les militant·es révolutionnaires, en revanche, voulaient l'abattre. Face à son développement, les postures idéologiques sont caduques et la recherche d'une massification du mouvement passe nécessairement par lui. Robert, le patron du Keller, se souvient de la méfiance que les organisations homosexuelles entretenaient à l'égard du ghetto commercial. « Les GLH nous détestaient », même si certain·es militant·es, « après avoir accusé les patrons de boîtes d'être "d'affreux capitalistes vivant sur la misère sexuelle des homos" [...] allaient finir leurs soirées dans ces mêmes boîtes[4] ».

En ce début de décennie, les positions ont changé. Dans ce qui ressemble à une tournée des bars après une journée passée au local du CUARH, Jan-Paul Pouliquen rapporte qu'au Manhattan, « les patrons font tout pour vendre *Homophonies* », tandis que Christian, le patron du BH, a fait un don significatif au CUARH. « Ici, je ne suis pas dépaysé, raconte Jan: une dizaine d'affiches de notre comité décore les salles[5]. » En somme, l'époque où « le mouvement homosexuel français condamnait systématiquement les établissements homos est maintenant révolue[6] ». Pour les jeunes homosexuel·les, cette nouvelle porosité entre les différents espaces gais et lesbiens peut aussi être une nouvelle entrée dans l'engagement. S'il a sans aucun doute fallu quelque courage pour passer une première fois la porte d'un établissement homosexuel, la présence répétée d'affiches appelant à la marche annuelle du mois de juin, par exemple, est désormais peut-être plus efficace qu'une réunion publique ou la signature d'une pétition. Ce qui est vrai à Paris se vérifie ailleurs.

Ainsi, en Auvergne, il existe 15 villes où l'on peut trouver des espaces commerciaux ou des lieux de drague en plein air, dont la diversité est bien évidemment soumise à la taille de la cité. Clermont-Ferrand fait figure de capitale. On y compte des bars, des discothèques, des restaurants, des saunas, des hôtels et des lieux de rencontre en extérieur. Dans une agglomération plus petite comme Vichy, on trouve un bar, une discothèque, un hôtel et des lieux de drague en plein air, tandis qu'à Riom et Châtel-Guyon il faut se contenter d'un hôtel et de différents lieux de cruising. Pour aller danser, conseil est donné de se rendre à Diou, où la discothèque organise des soirées gaies le dimanche, et attire une clientèle à 100 kilomètres à la ronde. C'est une nouvelle géographie de l'homosexualité qui émerge alors en se décentrant des seules grandes métropoles et des villes moyennes. Une vie homosexuelle peut, à condition d'être en mesure de se déplacer, exister à la campagne.

DANS L'INTIMITÉ DE LA BANDE FM

L'effervescence gaie irrigue la capitale. Au milieu des multiples initiatives mises sur pied par les gais et les lesbiennes, une aventure unique débute à l'automne 1981 « sur les toits de Paris ». Jusque-là, seule Radio Forum proposait une émission gaie intitulée *Si t'es gay, ris donc,* le vendredi soir. « Depuis la colline de Belleville, où est installé dans un appartement privé un émetteur de faible puissance », Fréquence Gaie (aujourd'hui Radio FG) commence à émettre le 10 septembre, et c'est un phare dans la nuit qui s'allume. Les animatrices et animateurs amateurs se débrouillent avec les moyens du bord : « [L]es disques sont lancés à la mauvaise vitesse, le larsen est fréquent et, afin d'éviter l'effet Faraday [des résonances dans la radio], les techniciens en herbe utilisent du grillage de poulailler[7] ! » Mais les auditeurs et auditrices sont bon public. Et probablement trop heureux et heureuses : Fréquence Gaie est la première radio homosexuelle à émettre 24 heures sur 24, 7 jours sur 7.

ESTAURANT-SALON de THE
LE LOUVRE
DES ANTIQUAIRES
BOWIE

Fréquence Gaie vit grâce à la participation de plus de 140 personnes, principalement des garçons, et en mars 1982, elle figure en cinquième position en termes d'audimat dans la capitale, avec près de 40 000 auditeurs et auditrices chaque jour. Dès ses débuts, la radio met à distance les groupes militants en leur refusant tout créneau ou émission spécifique. Elle entend ainsi affirmer son indépendance, si bien que les militant·es sont invité·es à rejoindre la station en leur nom propre, pour contrer la position hégémonique du CUARH que d'aucun·es accusent de vouloir récupérer toute initiative. Si la présence des groupes militants génère des tensions, encore une fois, la place qu'occupent les lesbiennes et le traitement qui leur est réservé sont décriés par ces dernières. Françoise Renaud dénonce la misogynie de Fréquence Gaie, et particulièrement des émissions de petites annonces qui font des lesbiennes un objet de fantasme.

La grille des programmes est par ailleurs relativement variée. Tous les jours de la semaine, l'émission *Homosphères* propose conseils et services. *Fréquence midi* et *Fréquence soir* font office de magazine d'actualité, tandis que *Gai parade* diffuse les dernières nouveautés musicales. La musique, pierre angulaire de la programmation, participe au succès de la radio, à l'instar de certaines émissions thématiques, dont le magazine *Santé* animé par des médecins gais. D'autres émissions plus spécifiques témoignent d'un monde homosexuel qui se diversifie, comme *Roue libre* à destination des motards. Toutefois, la plus populaire et la plus plébiscitée reste *Annonces double face,* durant laquelle Guy Hocquenghem et Jean-Luc Hennig animent deux fois par semaine et pendant deux heures la lecture de petites annonces que des auditeurs – plus rarement des auditrices – envoient à la radio. Cette situation était cependant trop belle pour durer.

Après avoir mis fin au monopole d'État, le gouvernement socialiste veut réguler l'attribution de la fréquence FM et mettre un peu d'ordre dans la polyphonie radiophonique parisienne qui est au bord de la saturation – les ondes parisiennes sont riches de 150 radios libres. Le gouvernement désigne une commission chargée d'en garder une vingtaine – c'est tout. Fréquence Gaie, qui avait déposé un dossier, n'est d'abord pas retenue. La lune de miel avec le pouvoir socialiste aurait-elle définitivement pris fin ?

La mobilisation étant la meilleure arme du mouvement, Fréquence Gaie organise une opération intitulée « Mille télégrammes ». En quelques jours, le ministère de la Communication est envahi par 3 000 télégrammes clamant : « Nous voulons Fréquence Gaie[8] ! » Quelques jours plus tard, le 20 juillet, une manifestation se tient place de la Concorde et regroupe entre 2 000 et 3 000 personnes drapées dans des kilomètres de tissu rose. La commission cède et rend un avis favorable.

Le soulagement est de courte durée. Début janvier 1983, la haute autorité en charge de répartir les fréquences exige de Fréquence Gaie qu'elle fusionne avec d'autres radios libres, qui n'ont pourtant rien à voir avec l'univers gai et lesbien – Radio libertaire, une radio anarchiste, ou Radio verte, une radio écologiste. Las, le mouvement se mobilise une nouvelle fois et, après l'envoi de 13 000 télégrammes et un défilé de 3 000 personnes, la haute autorité fait machine arrière. Fréquence Gaie obtient enfin une autorisation définitive d'émettre le 7 juin 1983. Elle poursuivra sa propagation de l'homosexualité par les ondes jusqu'en 1987, lorsque la radio sera contrainte de partager sa fréquence.

À l'image de ce qu'il se passe dans la capitale, l'un des espaces que les militant·es gais et lesbiennes en région vont particulièrement investir est la bande FM. Faire de la radio est moins contraignant et énergivore que fabriquer mensuellement un journal de toutes pièces. Et, comparé aux effets de quelques dizaines – ou centaines – d'exemplaires d'un journal, l'impact est sans commune mesure. Ainsi le GLH de Marseille revendique 3 000 auditeurs et auditrices pour son émission hebdomadaire *Dérive nocturne* sur Radio Soleil.

La radio libre, formidable outil pour contrer le dénigrement des mobilisations homosexuelles par les médias de masse et changer les mentalités, répond par ailleurs à la vocation d'assistance d'une partie du mouvement. Elle offre la possibilité de dialoguer avec la « masse » des gais et des lesbiennes qui vivent dans le placard et n'oseraient pas se présenter à la permanence d'un groupe homosexuel. On imagine ce garçon homosexuel ou cette fille lesbienne qui vit encore chez ses parents et à qui s'abonner à un journal ou une revue ferait prendre un risque trop grand. Pas assez âgé·e pour sortir, l'adolescent·e attend le vendredi soir avec impatience, et une fois couché·e cache la radio sous l'oreiller pour atténuer le son du transistor. Dans les replis de la nuit, aux côtés de celles et ceux qui partagent son secret, il ou elle écoute avec une attention presque religieuse *Dérive nocturne* qui fait basculer ses imaginaires et, bientôt, sa réalité. Avec la radio, le temps s'accélère. Il n'est plus question d'attendre plusieurs semaines pour une réponse à une petite annonce publiée dans *Libération.* Grâce à leur lecture à l'antenne, les rencontres se font en direct, dans l'intimité de la bande FM. L'émancipation en mode avance rapide.

À l'automne 1983, 35 émissions homosexuelles sont diffusées sur l'ensemble de l'Hexagone, soit dans les trois quarts des villes où l'on trouve un groupe gai ou lesbien. À Saint-Étienne, *Module gai* a trouvé sa place sur Radio Dio où il partage la grille de programmation avec des émissions animées par des lycéen·nes, des pacifistes ou encore des personnes immigrées. L'émission se nomme *Tonus vitaminé* à Reims, *Espace gai* à Nancy ou encore *Du bout des lèvres* à Metz. Si la majorité des équipes qui présentent ces émissions se déclarent favorables à la mixité, la plupart d'entre elles sont pourtant exclusivement composées de garçons, exception faite de l'émission *Voyager en petite lesbianie* à Nancy. Le contenu des émissions est, lui, très varié. « Du programme en quasi solo-animation à la table ronde ouverte tous azimuts [...], en passant par tous les panachages possibles - animateurs(trices) - invité(e)s - appels d'auditeurs(trices), la France gaie qui s'éclate chaque semaine sur les ondes roses ne manque décidément pas de punch[9]. » Les émissions répercutent l'information gaie, les luttes en cours et la vie du mouvement, disséminent outils pratiques, conseils juridiques et médicaux, et dissertent sur la réalité et la culture homosexuelles. Le tout en musique.

Dans une volonté de coordination, des militant·es mettent sur pied la Fédération gaie pour la communication (FGC) en juin 1983. Une banque de cassettes est alors créée à Nantes afin de pouvoir rediffuser des émissions enregistrées ailleurs, si l'inspiration venait à faiblir. La FGC « se propose [aussi] de mettre en relation les animateurs(trices) d'émissions gaies afin que se créent dans chaque ville des contacts capables de réagir en direct sur un point d'actualité, de faire un mini reportage[10]… » Ce qui est utile lorsque les émissions sont fragiles, le simple départ d'une personne de l'équipe pouvant parfois mettre fin à l'aventure.

La libéralisation des ondes a ouvert une voie sans précédent pour la visibilité et l'agrandissement de l'espace de la cause gai et lesbien. Avec une présence dans des sphères politiques variées, dans la presse écrite et désormais la radio, les militant·es deviennent de plus en plus audibles et visibles. L'homosexualisation du monde est-elle en marche ? Les évolutions de la presse écrite au moment où la radio est en plein essor permettent d'en saisir la mesure.

FOLLES ROTATIVES

Les gais et les lesbiennes, en plus de faire nombre derrière leurs transistors lors d'émissions animées par leurs pairs, sont particulièrement assidu·es dans la lecture de titres homosexuels et lesbiens. Et le champ de cette presse reflète les rapports de force et les transformations à l'œuvre au début des années 1980, âge d'or du glamour et du disco.

Le Gai Pied est sans surprise le principal titre de la presse homosexuelle. Devenu *Gai Pied Hebdo* en novembre 1982, le journal paraît donc dorénavant chaque semaine, ce qui bouleverse son fonctionnement : le périodique doit plus que jamais répondre aux impératifs de rentabilité fixés par les annonceurs publicitaires. Au sein de la rédaction, les tensions sont à leur comble.

Lors d'une assemblée générale extraordinaire de l'hebdomadaire début juillet 1983, deux conceptions antagonistes s'affrontent et reproduisent dans l'intimité du journal celles de l'ensemble du mouvement : faut-il poursuivre coûte que coûte l'activité militante ou faire infuser la question homosexuelle dans tous les domaines de la vie ? Si les deux visent à l'affirmation d'un monde homosexuel, les moyens et les objectifs sont aux antipodes. Au terme de cette assemblée générale, une partie de la rédaction est mise en minorité et doit partir.

Frank Arnal, devenu rédacteur en chef, minimise ce départ et accuse ses ancien·nes camarades d'être resté·es bloqué·es dans les années 1970 : « J'y vois, pour moi, le dernier soubresaut du gauchisme homosexuel. Beaucoup de militants homosexuels refusent de considérer les changements intervenus dans la réalité gaie de ces dernières années[11]. » Après la scission, la place donnée aux questions politiques et sociales se réduit comme peau de chagrin. L'érotisme et le culte du corps occupent l'espace vacant et de nouvelles rubriques « loisirs » (jeux, horoscopes, etc.) apparaissent. Symbole de l'essor d'un capitalisme gai, le journal devient une franchise avec son agence Gai Pied Voyage, son *Guide Gai Pied* ou encore ses services télématiques « roses ».

Un an plus tôt, Jacky Fougeray, ancien fondateur du GLH d'Orléans, avait quitté *Le Gai Pied* en raison de désaccords similaires sur la ligne éditoriale et s'était lancé dans une nouvelle aventure de presse. En novembre 1982, il fondait donc la revue *Samouraï*, « un magazine plus luxueux orienté essentiellement vers le culte du corps, l'exaltation de la virilité et le souci narcissique de soi, qui recrutera une partie caractéristique de son lectorat dans l'électorat gai de droite[12] ». Le journal défend l'idée que le militantisme est révolu, qu'il faut désormais s'adapter à l'air du temps. Fougeray souhaite que son journal soit « le reflet [...] de cette nouvelle situation plus favorable, se traduisant par un mode de vie plus détendu, une grande soif de vivre[13] ». En réalité, les modes de vie prônés par le journal sont très parisiens et liés à des catégories socioprofessionnelles privilégiées (sorties, mode, tourisme, etc.).

Deux ans et 24 numéros plus tard, le journal tombe dans l'escarcelle de Pierre-François Augereau. Trois mois seulement après le rachat, l'ensemble de la rédaction est renvoyé. D'après cette dernière, ce licenciement massif est une « confiscation politique préméditée qui a pour but de doter la toute fraîche droite homosexuelle d'un porte-voix crédible, au mépris des fondateurs et des milliers de lecteurs de *Samouraï*[14] ». Fait notable, le nouveau propriétaire du journal est alors secrétaire général de l'association des gais de droite, le Mouvement des gais libéraux (MGL).

ERIE

D'autres titres garnissent l'éventail des publications homosexuelles, comme *Hommes, Jean-Paul* et *Off*, et accompagnent le bouleversement culturel à l'œuvre dans le monde gai. Leur lectorat exclusivement masculin, relativement homogène, diffère de celui des publications militantes. Les lecteurs sont « le plus souvent de niveau culturel bas, de professions plus subalternes, d'orientation politique plus à droite (excepté *Samouraï*), et habitent des villes plus petites que les lecteurs de *Gai Pied, Homophonies, Samouraï, Masques* ». Le courrier des lecteurs de ces journaux donne d'ailleurs à voir les rapports conflictuels avec la mouvance et la presse considérées comme militantes : « [R]écriminations et plaintes contre une certaine manière de "s'afficher", de "provoquer" reviennent souvent dans le courrier. » *Off, Jean-Paul* et *Hommes* incitent pourtant leurs lecteurs à la sortie du placard et à l'émancipation, mais ce n'est pas ce que cherchent ces derniers : « Ils préfèrent voir les modèles masculins se déshabiller, ouvrir leurs corps et leurs âmes en se racontant. Des concours de photos de vacances, des élections de "Monsieur Gai" apportent une dimension récréative[15]. » Les grandes analyses politiques ont laissé place à une nouvelle culture du corps et des loisirs, qui accompagne le développement d'un capitalisme gai.

Du côté des lesbiennes, l'analyse politique prime encore sur les concours de photographie. Lancée par 25 lesbiennes en 1982, qui pour la plupart « n'avaient jamais milité dans les mouvements homosexuels, encore moins lesbiens[16] », la revue *Lesbia* cherche un espace entre le secteur commercial et les structures militantes, en créant notamment un lieu de correspondance écrite entre lesbiennes à l'échelle nationale. Le périodique se veut la vitrine du mouvement lesbien et publie tout ce qui y touche de près ou de loin, de la manifestation à des conseils de lecture. D'où son slogan : « Nous irons partout parce que les lesbiennes sont partout[17] ».

Cette dissension éditoriale autour des sujets qui préoccupent les gais et les lesbiennes se retrouve aussi dans la revue *Masques*. Proclamée mixte depuis son premier numéro en 1979, elle connaît à son tour, trois ans après son lancement, une scission : les lesbiennes quittent la rédaction. Celles-ci, ne se reconnaissant plus du tout dans

NANCY

la mixité du trimestriel, fondent la revue *Vlasta*, qui existera le temps de quatre numéros et de deux livres entre 1983 et 1985. Si ces dernières se définissent comme lesbiennes radicales, d'autres du Front des lesbiennes radicales font de leur côté paraître en janvier 1982 la revue *Espaces*, un « mensuel d'information et de réflexion fait par des lesbiennes radicales[18] ».

« La minorité gaie dispose, situation unique au monde, d'un hebdo, de deux mensuels, d'un trimestriel, *Masques*, d'un semestriel, *Magazine*, d'une radio émettant 24 heures sur 24 (encore une première mondiale !) et de nombreuses émissions dans tout le pays grâce aux radios locales[19] », s'extasie Alain Lecoultre. L'explosion de la sphère culturelle est telle qu'elle bouleverse en profondeur les modèles et les représentations des gais et des lesbiennes, dans un processus de normalisation qui n'est pas sans rappeler celui de la sphère politique. Pour autant, cette nouvelle visibilité accompagne le développement d'initiatives multiples, sur l'ensemble du territoire, qui s'attellent elles aussi à homosexualiser le monde.

UNE BOULANGERIE, DES BALCONS ET UN ESCARGOT

Spartacus, véritable guide de voyage recensant depuis 1970, de la façon la plus exhaustive possible, les lieux de rencontre et de sociabilité pour les hommes homosexuels à travers le monde, indique qu'en 1980, à Rouen, il est possible d'aller boire un verre à L'Aventurier, La Belle Époque ou au Milord. Tandis que pour ceux qui préfèrent le grand air, à Lille, il est possible de draguer place du Général-de-Gaulle (mais seulement en bas du bâtiment du corps de garde), aux bois de Boulogne et de la Deûle. À l'aide d'un système de symboles, chaque espace possède ses spécificités : *G* pour gai, *D* pour discothèque ou dancing, ou encore *GLM* pour mixité gais et lesbiennes. Mais que faire quand on n'a ni l'âge ni l'argent pour passer ses soirées dans les bars et qu'il fait trop froid (ou qu'on a trop peur) pour aller draguer dans les bois ?

Il y a bien sûr les groupes homosexuels et lesbiens, qui n'ont jamais été aussi nombreux. Présents dans une trentaine de villes

MARTINI
KANSAI

en 1977, les GLH ont largement essaimé au début des années 1980. Hors Paris, il existe 49 groupes en mars 1982, 71 en avril 1983 et 80 groupes un an plus tard, répartis dans 44 villes. Si le nombre de militant·es oscille entre 1 500 et 2 000, les forces sympathisantes qui gravitent autour de ce premier cercle regroupent entre 6 000 et 8 000 personnes. Cet accroissement numérique aux quatre coins du pays illustre la montée en puissance du mouvement à l'échelle locale.

La forte présence de ces groupes favorise une coordination au-delà de l'échelle locale, renforce les solidarités et provoque l'émergence de pôles régionaux qui sont alors en mesure d'assumer un rapport de force avec la capitale. Le premier pas a lieu en juin 1981 lors des rencontres entre les GLH et les GL de Nantes, Brest, Angers, Tours, Caen et Rennes, d'où naissent des initiatives communes, telle une action de commémoration pour la Journée du souvenir des déporté·es. En parallèle, les lesbiennes de ces mêmes villes mettent sur pied la Coordination des lesbiennes de l'Ouest. En plus de ces moments formels, les militant·es des groupes n'hésitent pas à faire plusieurs centaines de kilomètres pour se rendre visite, assister aux événements des uns et des autres, y compris les fêtes qui resserrent les liens et les amitiés.

Mais ces groupes ne suffisent pas à répondre à de nouvelles demandes. Au lieu des réunions interminables de la décennie précédente qui visaient à déboucher sur une production théorique ou une action militante, l'accueil des nouveaux et nouvelles venu·es se fait par le truchement de permanences et d'un accompagnement individuel. Désormais, il s'agit moins d'adhérer à l'idéologie d'un groupe que d'attendre que celui-ci comble ses propres attentes. Pour cela, certains cumulent les activités et d'autres se spécialisent. C'est le cas de Partage en Franche-Comté, situé à Besançon, avec sa plateforme d'écoute téléphonique SOS Gais, de Fil Rose à Angers, une autre ligne d'écoute téléphonique, ou encore de l'association Gay Loisirs Var à Toulon, qui propose des activités de loisir et de culture[II].

II. Cette spécialisation touche aussi le monde du travail. Alors que les relations entre le mouvement et les syndicats étaient pour le moins difficiles jusqu'au début de la décennie, la situation se transforme lentement. Après un premier soutien de la CGT

Cependant, les militant·es constatent que les GLH ne répondent que partiellement aux besoins, et que la volonté de faire vivre la mobilisation et la vie gaies et lesbiennes à l'échelle d'une ville doit donc s'accompagner d'une nouvelle idée. Celle-ci prendra la forme de lieux associatifs communautaires.

Début 1984, 13 lieux associatifs gais et lesbiens ont vu le jour dans 12 villes[III]. Le CCL à Paris, la Boulangerie gaie à Marseille, Les Balcons à Rouen, soit autant de lieux associatifs pour « renforcer la solidarité, aider les homos à s'affirmer, répondre aux demandes d'écoute individualisées de certains face à leurs problèmes[20] ». De même à Dijon où, au lendemain de la marche parisienne du 4 avril 1981, une trentaine de personnes décident de « faire quelque chose » qui ne serait pas « trop militant » et fondent alors un « lieu de rencontre, de réunion, bar librairie où pourraient se dérouler des activités nombreuses et diverses[21] ». Diane et Hadrien ouvre ses portes en janvier 1982[22].

Il va sans dire que la naissance d'un local fait grand bruit. Les militant·es collent 600 affiches dans les rues de Dijon, distribuent 2 500 tracts et font parvenir 500 invitations pour la soirée d'inauguration, ce qui assure à l'événement une forte publicité – cela dit, pas toujours favorable… Pour les gais et les lesbiennes dijonnais·es, les activités que propose Diane et Hadrien font penser à celles d'un véritable centre social. En fonction des envies de chacun·e, il est possible de tenir des permanences à la bibliothèque, d'organiser une réunion, une conférence, ou de participer à l'émission de radio hébergée dans les locaux. Mais tout le monde est aussi bienvenu pour boire un verre, flâner dans la librairie, assister à une projection ou danser lors des bals. Proposer une telle frénésie d'activités sur la base d'énergies

---

et de la Confédération française démocratique du travail à la marche du 4 avril 1981, la centrale cédétiste autorise la mise en place d'une commission homosexuelle en son sein en janvier 1983. D'autres regroupements professionnels se font aussi en dehors du cadre syndical, signe de la difficulté persistante à se dire gai ou lesbienne dans le cadre de son travail. D'DASSistance gaie, qui rassemble les travailleurs et travailleuses sociales gais et lesbiennes, est fondée en 1982, la même année que les Gai PTT.

III. Les villes ayant compté un lieu associatif sont les suivantes : Caen, Clermont-Ferrand, Dijon, Le Mans, Lille, Lyon, Marseille, Montpellier, Nancy, Paris (deux lieux se trouvent dans la capitale) et Rouen.

volontaires et bénévoles n'est pas sans risques : on imagine le rapide épuisement de l'équipe qui anime un tel lieu. Il faut du monde, encore et encore.

Et cela fonctionne[IV]. Les espaces associatifs accueillent des personnes qui n'auraient pas pris part aux groupes centrés sur l'action politique. « En quelques mois d'existence, rappelle *Homophonies*, des milliers de personnes sont venues à la Boulangerie, aux Balcons, à Diane et Hadrien, et des centaines ont adhéré dans chaque ville. Comparé aux 20 à 40 personnes qui étaient membres de chacun des GLH, on a à l'évidence changé d'échelle. » Et le journal de brosser un portrait des personnes qui fréquentent ces espaces : « Une silhouette se dessine donc, des 20-30 ans, plutôt hommes que femmes, assez libérés, passablement dragueurs (assidus des boîtes compte tenu de leur éloignement) et peu militants. Des nouveaux gais ? Peut-être[23]. »

Le dernier lieu associatif à voir le jour est L'Escargot, dans le 11e arrondissement parisien, qui ouvre ses portes en décembre 1983. Il est l'œuvre de plusieurs associations homosexuelles parisiennes : la RHIF, l'Association des gais architectes, les Nouveaux gais PTT et le Groupe achrien des grandes écoles. Pour une fois, la dynamique Paris/province est inversée. La naissance de L'Escargot se concrétise à un moment où le mouvement des lieux associatifs est sur le déclin. Les Balcons, qui avait ouvert en novembre 1981, ferme ainsi pour cause de problèmes financiers.

De plus, depuis l'accession de la gauche au pouvoir – y compris à l'échelon municipal –, les subventions étaient devenues une réalité. L'époque où il était nécessaire de lancer une campagne de souscriptions pour imprimer un bulletin à quelques dizaines d'exemplaires sur une ronéo prêtée par une organisation complice semblait bien loin. Mais n'allait-elle pas revenir par la force des choses ? Après la

IV. Les lieux associatifs créent d'ailleurs une structure nationale, la Fédération des lieux associatifs gais (FLAG), qui se propose d'organiser des échanges réguliers d'expériences, d'apporter une aide juridique et militante face à la répression anti-homosexuelle et d'appuyer les associations qui voudraient des subventions publiques. Bien loin de ce que représente l'acronyme aujourd'hui, c'est-à-dire l'association LGBT des ministères de l'Intérieur et de la Justice…

victoire de la droite aux élections municipales de 1983, ces subventions, autrefois une aubaine, deviennent une épée de Damoclès. Pourquoi les nouveaux édiles de droite financeraient-ils un mouvement que celle-ci combat avec haine ? Pourquoi la droite, qui veut empêcher les gais et lesbiennes de briller en pleine lumière, n'en profiterait-elle pas pour tenter de les renvoyer dans l'obscurité du placard ?

CHAPITRE 8

MINUIT MOINS CINQ

1983 EST UNE ANNÉE NOIRE. Le désormais consacré « tournant de la rigueur » n'est pas seulement économique, il est aussi moral et politique. Les élections municipales de 1983, largement investies par le mouvement, mais remportées par la droite, accentuent le désenchantement. Retour de bâton homophobe, coupe des subventions municipales, explosion du secteur commercial et déploiement d'un mouvement gai de droite, le CUARH tangue. L'UEH de l'été 1983, à Marseille, donne le pouls de la mobilisation. Elle rassemble plus de 600 personnes sur le thème « Vivre gai en Méditerranée », divisée en deux espaces, Lesbos et Mykonos, démonstration de la puissance du mouvement lesbien. Symbole d'une envie d'en profiter plutôt que d'en découdre, l'atelier « Astrologie homosexuelle » attire plus de participant·es que celui consacré au « mouvement ». Et lors du débat sur l'avenir de la mobilisation, personne n'est capable de proposer de nouveaux axes de lutte, aucune perspective ni analyse n'émerge quant aux nouveaux modes de vie et aux nouvelles réalités homosexuelles. Au loin, une rumeur gronde, et l'horizon s'obscurcit.

RETOUR DE BÂTON

Le 3 juin 1983, des milliers de policiers défilent bras tendus dans les rues de la capitale aux cris de « Badinter assassin » et « À Moscou, à Moscou » à l'adresse du gouvernement, pour protester contre le meurtre de deux de leurs collègues. Hervé Liffran en dresse un portrait glaçant : « Nous n'oublierons pas ces policiers gazant de lacrymogène des immigrés qui n'avaient que le tort de se trouver sur le passage du cortège. Nous n'oublierons pas non plus ces injures antisémites, anti-homos proférées à l'encontre du gouvernement, les "Badinter homme de l'étranger !" et "Gouvernement de pédés !" en disent aussi long sur les motivations des manifestants que les bras tendus[1]... » Pour autant, les militant·es ne défendent pas le gouvernement socialiste. Au contraire, ils et elles lui imputent une claire responsabilité dans la résurgence des discours et des forces réactionnaires. Le CUARH l'accuse ainsi de caresser les franges conservatrices de la police dans le sens du poil.

À elle seule, la Brigade des parcs, jardins et espaces verts mise sur pied en mai 1980 par le maire de Paris Jacques Chirac symbolise cette ambiance délétère et le retour d'un certain ordre moral. Son but affiché est de lutter contre la « délinquance » et le « vandalisme » dans les espaces verts de la capitale. En réalité, cette police parallèle mène une « véritable chasse aux pédés[2] ». Sa violence est telle que le 25 janvier 1983, quatre de ses membres comparaissent devant le tribunal de Paris pour coups et blessures sur un dénommé Jean-Claude Sinai. *Libération* titre alors avec retenue : « Les inspecteurs de la sécurité des jardins de Paris n'aiment pas les homosexuels[3] ». Plus tard, c'est au tour de *Gai Pied Hebdo* de rapporter l'agression de trois pédés par la Brigade dans un square de la capitale. Le CUARH réclame son abrogation, en vain.

Ces attaques contre le milieu homosexuel ne se cantonnent pas à Paris. À Pau, après l'assassinat d'un garçon venu draguer dans un parc de la ville, une descente de police a lieu dans tous les établissements gais de la préfecture du Béarn. Humiliante, l'opération de la police présuppose qu'elle trouvera l'assassin dans la communauté homosexuelle plutôt que chez les « chasseurs de pédés[4] ». À Lille, en juin 1983, la police investit le lieu associatif du CLARH, le Gai Tapant, faisant usage de gaz lacrymogènes, et à Marseille, un mois plus tard, lors de l'UEH, des contrôles sont effectués dans un parc de la ville, dépassant largement le cadre de la légalité en procédant à un fichage des dragueurs.

Une autre affaire synthétise les conséquences de ce retour de la répression. Elle se déroule à Rouen à l'automne 1983. Un certain Thierry, président de l'association Recherche et différence, distribue un tract annonçant l'ouverture du local associatif Le Bilboquet devant un lycée de la ville. Convoqué au tribunal pour « excitation de mineurs à la débauche », il encourt une peine allant de deux à dix ans de prison et une amende allant de 100 000 à 1 million de francs. Comme le souligne *Homophonies*, « Thierry est ainsi, de par l'obscurantisme d'un représentant d'un ministère public, le premier responsable de mouvement homosexuel depuis les années 1920 à se retrouver en correctionnelle[I], en raison de ses fonctions[5] ». Thierry est finalement relaxé en octobre 1984. La défiance contre la police est telle qu'*Homophonies* publie un long dossier sur l'institution policière ainsi qu'un guide pratique pour savoir comment réagir en cas de contrôle d'identité.

Dans ce contexte hostile, Jan-Paul Pouliquen note amèrement que la commission juridique du CUARH est débordée et a dû créer une permanence d'accueil supplémentaire. Le spectre de la répression ressurgit. De nombreux titres d'articles d'*Homophonies* et du *Gai Pied Hebdo* alertent : « Police : le retour des vieux démons », « La police contre les gais », « Le retour du bâton », « De la bavure dans l'air », « Retour aux bonnes mœurs à Nice », etc. Le CUARH dénonce une « série de rafles » effectuées par la police parisienne dans la nuit du 13 au 14 janvier dans des bars gais, « rompant ainsi délibérément avec la nouvelle politique mise en place par Gaston Defferre et l'ensemble de la majorité[6] ».

Se trouve-t-on alors face à un retour effectif de la répression ou, comme en 1978-1979, est-ce plutôt l'intérêt des militant·es pour cette question qui revient sur le devant de la scène ? Il n'existe aucune étude chiffrée pour appuyer l'une ou l'autre thèse. De plus, même si l'abrogation des discriminations légales à l'endroit des homosexuels et des lesbiennes aurait pu – avec peu de probabilité certes – les

I. À l'époque, les animateurs de la revue *Inversion*, l'une des premières revues homosexuelles, furent condamnés à de lourdes peines.

pousser à se sentir autorisé·es à porter plainte après une agression, les histoires égrenées au fil des mois dans *Gai Pied Hebdo* et *Homophonies* entretiennent le sentiment d'une répression toujours à l'œuvre et les découragent d'entamer toute démarche auprès des autorités « compétentes »[II].

En réaction, le CUARH appelle à la mobilisation contre ce qu'il considère être un retour en arrière, sans pour autant entreprendre une action publique. Le temps des mobilisations « massives » est-il révolu ? Lors de la Coordination nationale des groupes du CUARH à Caen en janvier 1984, il est décidé que chaque groupe enverra un télégramme de protestation au ministère de l'Intérieur. Rien de plus.

Ce « retour du bâton », comme le qualifie *Homophonies,* ne se limite pas à la France. La répression se déchaîne un peu partout dans le monde occidental. Aux États-Unis, en Grande-Bretagne, en Suisse ou encore en Italie, les mouvements homosexuels sont attaqués de toutes parts par la droite réactionnaire et conservatrice qui fait feu de tout bois.

UNE ALLIANCE CONTRE NATURE ?

Fin 1982, alors que l'horizon est sur le point de s'assombrir éclate l'affaire du Coral, un scandale pédophile dans un lieu d'accueil autogéré et antipsychiatrique du sud de la France. C'est une bombe médiatique aux répercussions profondes, qui retentira jusque dans la classe politique. L'extrême droite s'en donne à cœur joie. Le journal *Présent* estime ainsi que celui « qui légalise ou normalise le péché (pilule, avortement, homosexualité, luxure...) atteint ignoblement les innocents... La voilà donc, la nouvelle thérapeutique libératoire de nos gauchistes. Elle sert odieusement le ressentiment névrotique d'impuissants sexuels, de déchets vivants refoulés, leur autorisant tous les crimes sur l'innocence[7] ». Au même moment, au sein du

II. Cette prégnance de la répression est aussi concomitante des débuts de l'épidémie du sida et de sa qualification de « cancer gay » par une grande partie des médias. On peut supposer que cette assimilation fait souffler un « vent de panique morale ».

CUARH, certain·es grincent fortement des dents face à l'existence de l'un de ses membres : le Groupe de recherche pour une enfance différente (GRED), un groupe de défense de la pédophilie. Une clarification s'impose[8].

L'imaginaire homophobe est saturé par l'existence d'un lien consubstantiel entre homosexualité et pédophilie. Il était une fois un vieux pervers homosexuel cherchant à détourner un enfant pour l'entraîner dans les voies du vice et du péché... Par des mécanismes d'autorépression et de haine de soi, les homosexuel·les s'en font parfois les porte-voix, comme si tout ne faisait qu'un, parce que, « après tout, pédé, pédophile, pédéraste, etc., ça commence pareil[9] », se désole Hervé Liffran. De l'interprétation homophobe à la réalité des faits, il faut cependant se garder de trop de raccourcis, dans un sens ou dans l'autre.

À la fin des années 1970, des intellectuels comme Michel Foucault, René Schérer, Gabriel Matzneff, Guy Hocquenghem ou Alexandre Rosier militent activement pour la révision du Code pénal. Selon eux, la commission des lois chargée de son examen depuis février 1977 devrait considérer le consentement des mineur·es, distinguer la sexualité avec des mineur·es et le viol, et, enfin, reconnaître que la majorité des violences pédophiles ont lieu dans un cadre familial. Leur influence est telle que beaucoup aujourd'hui présument que leurs positions ont été unanimement partagées par l'ensemble du mouvement. De toute évidence, les nuances sont de taille.

Il faut prendre garde de ne pas plaquer une lecture anachronique sur la notion de pédophilie – nous emploierions aujourd'hui le terme de pédocriminalité. « Aujourd'hui, le pédophile désigne un criminel, coupable d'un crime considéré comme le crime suprême, explique le politiste Antoine Idier. Dans les années 1970, ce terme désignait un ensemble d'individus ou d'écrits qui défendaient la possibilité de relations amoureuses et sexuelles entre les enfants et les adultes, certes déjà contestées[10]. » Le cœur de la question réside ainsi dans la problématique du consentement. Dans les années 1970 et 1980, le débat s'est donc peu à peu déplacé. D'abord, des mineur·es ont cherché à libérer leur sexualité des carcans moraux et conservateurs, puis une revendication pédophile pensée comme la possibilité pour des adultes d'avoir des relations consenties avec des mineur·es s'est déployée de façon autonome.

Par souci de précision, il faut rappeler que le terme de « mineur·e », selon qu'il s'applique dans le cadre de relations hétérosexuelles ou homosexuelles, n'a pas la même définition juridique avant 1982 : moins de 15 ans pour les premières, moins de 18 ans pour les deuxièmes. Jusqu'à cette date, un garçon de 19 ans ayant une relation avec un garçon de 17 ans pouvait être accusé de pédophilie et de détournement de mineur. Les relations hétérosexuelles avec un·e mineur·e de plus de 15 ans étaient quant à elles légales.

Du fait de la réorientation politique du mouvement dans une direction légaliste à la fin des années 1970, la question pédophile se fait plus présente au début des années 1980. Dans les bulletins et journaux des groupes des années 1970, les quelques textes consacrés aux revendications pédophiles relèvent toujours de l'opinion personnelle et n'engagent jamais un groupe ou le mouvement dans sa globalité. Cantonnée au domaine du théorique, cette question ne semble pas être une réalité quotidienne des militant·es.

La nouvelle orientation de la lutte du mouvement homosexuel offre alors un espace d'expression aux défenseurs de la pédophilie et de la pédérastie. Dès la création du CUARH, les militant·es se rendent bien compte que les interdictions professionnelles impliquent souvent des cas de pédérastie. Ainsi des affaires concernant Robert Fourniols et Jacky Léal-Clavel, licenciés tous les deux de leurs postes d'éducateurs pour avoir eu des relations sexuelles avec des mineurs de moins de 15 ans. Le CUARH discute de cette réalité dès la fin 1979 lors d'une coordination du mouvement à Rouen. Certaines personnes demandent l'adoption d'une position claire sur la pédophilie, tandis que d'autres plaident pour une action au cas par cas.

Lorsque le CUARH dépose son manifeste à l'automne 1980 sur le bureau du Conseil de l'Europe, il n'inclut aucune mention spécifique aux questions pédophile et pédéraste. Mais un an plus tard, alors que le mouvement se mobilise pour la libération de Jacques Dugué, en prison depuis trois ans pour avoir eu des relations sexuelles avec des mineurs de moins de 15 ans, le CUARH défend clairement la pédophilie. Selon le militant Jean-Marc Choub, le CUARH « a adopté comme principe général la dépénalisation de toutes les relations consentantes quels que soient l'âge et le sexe des partenaires[11] ». En parallèle émerge une nouvelle notion défendue par des lesbiennes, la koréphilie, à savoir l'amour d'une femme pour des jeunes filles[III]. Au départ, au CUARH, il y a peut-être une certaine confusion. Pédérastes et homosexuel·les vivant un même rejet du monde extérieur, se dessine-t-il une certaine solidarité face à l'injure et au mépris ? La question demeure : comment la question pédophile a-t-elle pris une telle place dans le mouvement homosexuel, et comment ce dernier s'en est-il ensuite emparé ?

C'est probablement la mixité du CUARH qui explique les remises en cause de la pédophilie et les discussions sur la sexualité des enfants. Les lesbiennes féministes, engagées dans le mouvement des femmes et donc rompues aux réflexions sur le viol et le consentement, vont obliger les garçons et le CUARH dans son ensemble à y réfléchir et à se positionner.

Et quand le gouvernement socialiste supprime les dernières restrictions légales à l'homosexualité en 1982, il devient alors bien difficile pour les défenseurs de la pédophilie de faire avancer leur agenda. La revendication qu'ils partageaient avec le mouvement homosexuel, à savoir l'égalisation de la majorité sexuelle pour les homosexuel·les et les hétérosexuel·les, vient en effet d'être approuvée. L'identité homosexuelle entre dans la légalité, mais pas l'identité pédophile. Il s'agit là d'un tournant moral et intellectuel sur ces questions au sein du mouvement homosexuel.

Néanmoins, un groupe membre du CUARH poursuit sa mobilisation en faveur des revendications pédophiles, le GRED, fondé à l'UEH de 1979 à Marseille. Rassemblant des personnes issues du mouvement homosexuel qui se définissent comme pédérastes, le

III. Le concept de koréphilie est développé par certaines lesbiennes à l'UEH en 1981 sans trouver de véritable écho dans le mouvement lesbien. Il est possible que des garçons pédophiles aient mis ce concept en avant afin de se légitimer en présentant un discours semblable au leur chez les lesbiennes féministes.

GRED souhaite que les personnes « concernées » puissent partager leur vécu et aborder une myriade de sujets de discussion. Florilège : les droits des mineur·es, les rapports enfants/adultes, la sexualité des enfants et des adolescent·es, etc.

Dans une stratégie consciente de légitimation au sein du mouvement, le GRED adopte une rhétorique purement intellectuelle et dépense une énergie considérable pour paraître organisé et occuper l'espace de débat. Les articles ayant trait à la pédérastie dans les pages d'*Homophonies* sont nombreux, certes, mais ils sont toujours signés par les mêmes personnes. En revanche, d'autres documents des groupes du CUARH (tracts, comptes rendus de réunion et de coordination, journaux locaux) attestent une préoccupation toute relative pour la question pédophile chez leurs militant·es. Parfois, c'est même une certaine aversion pour le GRED qui affleure, comme dans cet extrait du GLH de Rouen : « Bien sûr les enfants ne sont pas innocents, bien sûr c'est souvent eux qui jouent à la séduction, sauf qu'on n'a jamais vu un gamin de 10 ans pénétrer un type de 40[12]. »

Quelle est alors la force effective de ces militants pédophiles ? Si le GRED revendique 110 membres en septembre 1982, Catherine Gonnard ne se souvient pas d'avoir côtoyé plus de quelques personnes. Malgré leur petit nombre à l'échelle locale, ils se trouvent surreprésentés dans un événement comme une Coordination nationale.

La figure la plus importante du GRED se nomme Gérard Bach-Ignasse, fondateur de l'éphémère Comité homosexuel de l'Ouest parisien déjà croisé en ces pages. Juriste, bon orateur et rédacteur d'*Homophonies* (d'où la récurrence d'articles signés de sa plume), il occupe une place particulière au CUARH. Malgré la forte polarité des positions sur la légitimité d'un groupe pédophile au CUARH, l'unité du mouvement passe avant tout. Hervé Liffran raconte que pour ne pas briser la fragile concorde du Comité d'urgence, personne n'ose imaginer le départ du GRED : « Si quelqu'un avait demandé son départ, ça aurait été l'explosion du CUARH ! La moitié des groupes l'auraient quitté en dénonçant une "épouvantable censure"[13]. »

Cela dit, deux épisodes rappellent que la présence de pédérastes au sein du mouvement homosexuel est loin de faire l'unanimité. Lors de l'UEH de 1983, quelques militants pédophiles proposent l'organisation et l'animation d'une crèche sur le site de l'événement, ce que d'aucun·es considèrent comme une provocation. Catherine Gonnard se souvient: « Les lesbiennes, pour le coup, ont dit qu'il n'en était pas question[14]. » Lors de l'édition suivante, deux ans plus tard, le GRED dispose encore d'un stand et quelques-uns de leurs membres se présentent accompagnés de quatre enfants dont ils assurent avoir la garde. Des organisateur·ices de l'UEH s'insurgent et les militants pédophiles doivent quitter les lieux.

La place prépondérante du GRED au sein du CUARH, par l'intermédiaire de Gérard Bach-Ignasse, se maintient jusqu'à l'effondrement du Comité d'urgence en 1986. Mais l'écho de ses revendications est de plus en plus faible en dehors du mouvement. Pour le chercheur Sébastien Chauvin, les homosexuels se seraient aussi désintéressés de la question pédophile en raison de la « virilisation des modèles culturels gays » et de « la dévalorisation érotique d'une certaine image androgyne », très souvent associée « à la figure du jeune adolescent[15] ». Le modèle muscle, moustache, cuir commence à s'imposer. L'histoire s'occupera du reste.

ESPÈCE EN VOIE DE DISPARITION

Alors qu'en 1984 débute l'Année internationale des gais et des lesbiennes, décrétée par l'IGA, le mouvement homosexuel français est une nouvelle fois en proie au doute quant au futur de la mobilisation. Un pamphlet rédigé par Jean Rossignol, membre du lieu associatif parisien L'Escargot, et Catherine Lanérès, présidente de D'DASSistance gaie, annonce sans ambages: « Victimes de [la] montée de la majorité morale, les gai(e)s se perdent en querelles intestines pour un mouvement qui est loin d'être le mouvement de masse qu'il a pu être… C'est la crise gaie[16]. » Le mouvement traverse depuis 1984 une situation paradoxale: jamais il n'y a eu autant d'associations gaies et lesbiennes sur le territoire français (*Homophonies* recense 113 associations dans tout l'Hexagone), mais les perspectives semblent absentes. La mobilisation politique serait-elle même encore utile ?

À Nantes, où un GLH mixte existe depuis 1979, Jacques Garry considère que c'est la nature du groupe qui est remise en cause par ses membres. Selon lui, un « clivage évident » existe « entre un petit noyau de copines et de copains qui font "tourner la boutique" au jour le jour et un cercle plus important de gens dont la principale préoccupation est de "consommer" les activités proposées et organisées par les premiers[17] ». Il va sans dire que cette problématique dépasse le cadre nantais, c'est même une doléance récurrente des groupes politiques depuis les années 1970. Il est saisissant de remarquer que cette situation est très proche de ce que racontaient certains GLH en 1977 et 1978, lorsqu'ils indiquaient que les groupes tournaient en rond. L'histoire et les dynamiques du mouvement ne seraient donc qu'un éternel recommencement ?

Il est vrai que depuis juin 1983 les éditoriaux d'*Homophonies* se suivent et se répètent : pourquoi une participation si faible à la marche du 18 juin 1983 ? Pourquoi l'UEH a-t-elle été moins fréquentée qu'espéré ? Que signifient l'éclatement du *Gai Pied* ou le report *sine die* des États généraux de l'homosexualité pourtant construits sur de longs mois ? Les réponses qu'apportent les militant·es se ressemblent peu ou prou. Michel Thomeret, membre de la Commission nationale du CUARH, note la multiplication de discours victorieux postulant la caducité de la mobilisation, car « l'avenir de [la] condition homosexuelle serait assuré ». Il entendrait çà et là que « c'est du passé. N'en parlons plus. Vivons le présent. Jouissons. Profitons-en[18] ». Tout serait donc gagné ?

Les membres du CLARH lillois constatent de fait qu'il existe, localement comme ailleurs, une tendance pour qui tout est gagné. Par conséquent, ils et elles militent moins, ou alors de façon routinière. Le MIEL, qui organise un Forum national les 27 et 28 avril 1985, se fait l'écho de cette analyse : « Qu'ils soient politiques, syndicaux, lesbiens (radicaux ou féministes), les groupes militants se désolent en chœur : "Qu'il est difficile de militer aujourd'hui." Démobilisation, manque de perspectives, crise des idéologies ?... Seules la droite et

GOUDOU

l'extrême droite ne semblent pas connaître ce genre de problème, hélas ! Bref, l'heure n'est pas à l'enthousiasme[19]. »

Le doute qui gagne la mobilisation et le désengagement politique qui l'accompagne se répercutent dans les marches nationales organisées en juin. La place de la fête et celle du secteur commercial y sont, au fil des éditions, de plus en plus conséquentes. D'après certain·es, le millésime 1984 s'est même laissé « noyauter par le "commercial"[20] ». Si le cortège du CUARH national proclame sur sa banderole « Le Pen, c'est la haine, Le Pen c'est pas la peine ! », le reste de la marche ne se réapproprie que timidement les slogans anti-Front national. L'échec de la marche suivante est encore plus patent. Selon Frank Arnal, il « annonce véritablement la faillite du militantisme homo de ces dernières années ». À peine 4 000 personnes prennent part au défilé, où « heureusement la disco en queue de cortège a déchaîné un enthousiasme que le mutisme de ceux qui défilaient en tête était bien incapable de susciter[21] ».

L'année suivante, en 1986, et pour la première fois, la marche n'est pas organisée par le CUARH ou un groupe politique. Charge à un nouveau venu, Raphaël Comby, membre de SOS Racisme et du PS, d'imaginer la marche gaie dans la capitale au nom de la Fédération européenne pour la Gay parade. La plupart des groupes et organisations ne souhaitant pas participer à l'élaboration du défilé – le CUARH considère « qu'une marche ne serait qu'une affirmation du Gay Business[22] » –, Raphaël Comby se tourne alors vers l'entrepreneur gai David Girard pour un soutien financier. Ces marches nationales, initialement pensées comme un outil de pression politique, se trouvent donc au fil des années vidées de leur substance revendicative. Les banderoles et les slogans ont disparu, et sont remplacés par des chars crachant de la disco. Les revendications politiques du 4 avril 1981 ne sont plus qu'un lointain souvenir.

La fermeture de la majorité des lieux associatifs gais et lesbiens à partir de 1984 illustre aussi la désaffection militante à l'œuvre. Ils ne sont plus que 3 en activité, contre 13 deux ans plus tôt : un « chiffre porte-malheur[23] ». Comment expliquer cette situation après l'enthousiasme général qu'avait provoqué leur naissance ? Si certains

LE PEN C'EST LA HAINE CUARH
E PEN PAS LA PEN ! HOMOPHONIES

lieux ont dû fermer leurs portes en raison de problèmes financiers, comme Les Balcons à Caen, l'explication profonde est ailleurs. Pour Jean-Michel Rousseau, la responsabilité incombe au développement fulgurant, quoiqu'inégal, du secteur commercial, qui met les lieux associatifs en concurrence avec des espaces marchands disposant de bien plus de moyens. Le mouvement se trouve amputé d'un espace essentiel de la mobilisation.

À DROITE TOUTE

La réussite insolente de David Girard, le commanditaire de la marche gaie de 1986, incarne à elle seule l'explosion du secteur commercial. En quelques années, ce jeune entrepreneur s'est construit un petit empire. Le succès de sa défense d'un capitalisme gai lui attire les foudres des militant·es. En octobre 1984, il publie un nouveau journal gai, *G.I.* (pour *Gay International*), pensé « pour vous séduire et vous distraire ». L'éditorial du premier numéro annonce la couleur : « Aujourd'hui, le militantisme gay tourne en rond. Très nécessaire il y a quelques années, il s'est vite essoufflé, suivant l'évolution implacable des mouvements de revendications. » David Girard assume sans complexe son mépris pour les militant·es et son « envie de faire de la provocation par rapport au reste de la presse homosexuelle, être apolitique et non militant. Plutôt que de parler du dernier homo qui s'est fait tuer, nous préférons nous demander si une femme divorcerait en apprenant que son mari est PD[24] ».

Parallèlement au secteur commercial qui se développe à toute allure, les militant·es observent l'émergence de ce qu'ils et elles qualifient de « troisième génération », laquelle serait composée par celles et ceux qui, en 1983, ont moins de 25 ans[IV]. L'insertion dans le monde commercial gai et le rapport politique de cette « troisième génération » génèrent un « conflit intergénérationnel ». Un témoignage paru

IV. Pour rappel : la première génération est celle des années 1950-1960 incarnée par Arcadie, et la deuxième est la « génération militante » des années 1970.

la COMPAGNIE
CHOEUR ACCORD
les LAUREATS DE
GAIE 1984 et 1985
LA CHANSON
LIBERTE
PAS
HOMO

dans le courrier des lecteurs du *Gai Pied* illustre abruptement cette idée : « Le mouvement peut être un frein à [la libération sexuelle]. S'il a eu une certaine utilité dans la circonstance précise de la libération des mœurs dans les années 1970, nous sommes un grand nombre d'homosexuels à penser que [...] pour que les homosexuels puissent vaincre les préjugés et les résistances morales de la société, il faut qu'ils se débarrassent des groupes homosexuels militants et brisent le mirage de leur prétendue communauté[25]. »

Les mots sont violents et l'accusation claire. Si cette jeune génération déserte le militantisme, c'est qu'elle considère ne pas en avoir besoin. À la question de son éventuelle participation à l'UEH de 1985, une jeune lesbienne répond : « Vous êtes la génération d'avant, une génération militante qui a eu besoin de sortir du placard et besoin de s'affirmer et nous on s'en fout, nous on arrive, on a 20 ans, on a des boîtes, on a des réseaux, on connaît des nanas et on s'en fout complètement. [...] [L'UEH] on n'en a pas besoin[26]. »

Les militant·es constatent que l'une des principales attentes de cette jeunesse qui préfère aller danser plutôt que militer est de constituer un réseau de connaissances, un tissu relationnel. Et comme le remarque un certain Jean Dumargue, « le modèle de ce réseau, ils l'empruntent au réseau d'adultes ayant 50, 60 ans[27] ». C'est-à-dire un réseau qui existait avant la naissance de la « génération militante » et les nouvelles pratiques qu'elle a mises en place, dans les années 1950 et 1960, suivant le modèle arcadien. De fait, l'époque des grandes mobilisations revendicatives de « la génération 1979-1981 » est en train de s'essouffler. Elle se coupe de la jeunesse gaie et gère les droits qu'elle a obtenus. Pour certain·es, cette réalité permet d'éclairer « sous un jour neuf les conflits au sein de la presse gaie, à l'intérieur des groupes : les problèmes d'orientation militante, de relations avec le secteur commercial gai recouvriraient alors aussi une lutte entre classes d'âge[28] ». Cela signifie que les attentes et les réalités entre la « génération militante » et la « troisième génération » diffèrent profondément et que le fossé entre ces deux mondes se creuse. Paradoxalement, cette « troisième génération », qui fréquente davantage les bars et les boîtes que ses aîné·es, assume bien moins son homosexualité

YAMAHA

publiquement. Peut-être une conséquence du tournant moral et conservateur amorcé en 1983.

En parallèle, alors que se constituent des regroupements homosexuels liés au PS, comme Homosexualité et socialisme au printemps 1983 et sa scission en 1984, qui prend le nom de Gais pour les libertés[29], c'est de l'autre côté de l'échiquier politique que se profile un changement significatif. À l'image d'une société où le conservatisme et la rigueur morale retrouvent des couleurs, un nouveau visage de l'homosexualité apparaît: l'homosexuel·le de droite[30]. Là où quelques années auparavant la question identitaire se cristallisait autour de l'opposition entre une homosexualité révolutionnaire et une autre qualifiée par la première de réformiste, il ressort d'un questionnaire que *Gai Pied Hebdo* diffuse à l'été 1983 à ses lecteurs et lectrices que « 24 % sont résolument dans l'opposition en se déclarant de droite ou d'extrême droite[31] ».

Mais peut-on véritablement parler d'une homosexualité de droite ou de gauche ? Dans les années 1950 et 1960, les discours assimilaient homosexualité et conservatisme. Il est probable que la croyance marxiste qui faisait de l'homosexualité un vice petit-bourgeois ne soit pas étrangère à la construction de cette représentation. D'après Gérard Bach-Ignasse et Gérard Maison, « Arcadie y est peut-être [aussi] pour quelque chose; mais, surtout, l'atomisation du milieu homo, la volonté de respectabilité des homos, les faisait sans doute se reconnaître majoritairement dans les partis de droite plus individualistes; mais où de toute façon, il fallait se taire sur son orientation sexuelle[32] ». Puis, jusqu'aux élections de 1981, une nette poussée de la gauche et de l'extrême gauche a prévalu dans l'électorat homosexuel. L'homosexualité étant de fait présente dans toutes les classes sociales, dans tous les milieux, et non pas corrélée à un « chromosome de gauche », il était relativement logique de voir des gais et des lesbiennes sur l'ensemble de l'échiquier politique. Ce qui est nouveau, cependant, c'est que cette homosexualité de droite s'organise.

« S'il faut leur souhaiter quelque chose, c'est beaucoup de courage[33]. » C'est par ces mots qu'Hervé Liffran commente la fondation en janvier 1984 d'un nouveau groupe dans l'espace partisan, le MGL.

RENNES
FEMMES ENTR'ELLES
LESBIENNEMENT VÔTRE
ROYAL

Ce groupe gai de droite dénonce l'« alliance subjective » de l'homosexualité avec la gauche et cette société qui a « laissé [l']idéologie marxiste s'installer insidieusement ». Ses membres refusent « d'être annexés sans cesse au grand peuple de gauche » et se présentent comme des nouveaux résistants : « L'évolution de la société s'est toujours faite par les idées promues par les groupes marginaux. Nous en faisons partie[34]. »

Pour s'opposer au MGL, le CUARH déconstruit son discours et sa réécriture de l'histoire. Il ne s'agit pas de prétendre que la gauche n'aurait jamais été homophobe, mais de montrer l'« escroquerie intellectuelle[35] » du récit homosexuel de droite. Ailleurs qu'au CUARH, certain·es militant·es, comme Jacques Vandemborghe de la RHIF, sont plus conciliant·es : « Je pense qu'il ne faut pas dire : le retour à la droite c'est une catastrophe, loin de là. Il faut dire [...] que faire avancer la question sexuelle c'est faire avancer les mentalités de droite comme de gauche[36]. »

Certain·es semblent même plutôt bien vivre la montée de l'extrême droite. Roland Surzur affirme ainsi, à propos de Jean-Marie Le Pen, que « pour les immigrés, comme pour les homos, il veut simplement éviter l'excessif », ajoutant que « le Front national répond à présent sur un ton responsable[37] ». Pour parachever cette nouvelle configuration, le premier groupe homosexuel d'extrême droite, Gaie France, naît en 1986. L'écho de l'effervescence révolutionnaire des années 1970 n'est plus qu'un murmure.

LES MOUVEMENTS SONT FAITS POUR MOURIR

Il est, je crois, bien difficile d'officialiser la fin d'une histoire. En l'absence d'une note de dissolution, d'une fin annoncée de la mobilisation par l'expérience de la victoire, il faut généralement procéder par tâtonnement. Entre 1985 et 1986, les comptes rendus de réunion du CUARH s'étiolent, les échanges entre les différents groupes se tarissent. L'énergie militante décroît, les mobilisations dans l'espace public se raréfient, tout comme les tracts qui annoncent les actions, rassemblements et autres manifestations.

EXUALITES
CIALIS
embre du C.U.
USTACHE
H S
E

Dans l'espoir de rebondir, après les échecs successifs de la marche du 18 juin et des États généraux, la Coordination nationale du CUARH réunie à Caen en janvier 1984 décide d'organiser en avril son tout premier congrès. Symbole de la dynamique en cours, son impréparation trahit l'errance et les doutes du groupe. Sans grande surprise, ce congrès n'aura lui non plus jamais lieu.

L'année 1985 débute par une série de crises internes au CUARH et au sein de son journal *Homophonies* qui font trembler la vitrine du mouvement. Cette nouvelle fracture s'aggrave lors de la rencontre qui se tient début juillet 1985 à Marseille, et qui marque une étape dans la fin du CUARH. Alors que celui-ci revendiquait encore en mars 54 groupes membres, seules 15 entités sont réellement en possession de mandats électifs à Marseille. La rencontre suivante, en septembre 1985, ne réunira que huit groupes, cinq s'étant excusés. L'épuisement du CUARH et des militant·es est indéniable. Une scission a ainsi eu lieu au sein du MIEL et certaines sécessionnistes, notamment Catherine Gonnard, lancent sur le minitel un projet appelé Les Goudous télématiques, qui permet aux lesbiennes d'avoir accès à un agenda, à des informations militantes, ainsi qu'à un service de messagerie[38]. Jean-Michel Rousseau constate que le CUARH n'est plus en mesure de réagir lorsque surviennent des cas de répression, comme lors d'« incidents » avec la police à Lille et à Nîmes. Or, quel sens y a-t-il à un Comité d'urgence inapte à répondre à des urgences ?

Au printemps 1986, la dernière tentative d'une mobilisation coordonnée de ce qu'il reste du CUARH se concentre sur les élections législatives du mois de mars. Dans un exercice plusieurs fois éprouvé, les militant·es envoient aux candidat·es un questionnaire, tel un inventaire à la Prévert. Si une partie de la litanie des revendications est proche de ce que le mouvement a porté depuis le début de la décennie (fin des interdictions professionnelles, égalité matérielle avec les hétérosexuel·les), d'autres soulignent l'évolution des modes de vie gais et lesbiens et des attentes. Quelles sont les positions des candidat·es sur la parentalité gaie et lesbienne ? Sur les techniques de procréation ? Et surtout, comment fournir une « information objective » sur l'épidémie en cours, le sida ? Comment financer la recherche ? Ou s'opposer à « toute mesure coercitive qui pourrait entraîner la fermeture de lieux homosexuels de rencontre tels que boîtes, backrooms, saunas sous prétexte de SIDA[39] » ?

L'édition du mois de juin d'*Homophonies* donne un dernier instantané de la composition du CUARH. Sur les 50 groupes gais et lesbiens qui existent à Paris, 7 sont encore membres du Comité d'urgence dans sa version nationale. En revanche, sur les 67 groupes établis en région, plus un seul ne fait partie de la coordination, contre 47 un an plus tôt. Si l'on s'en tient à une lecture stricte du CUARH comme la coordination d'un mouvement dont la dimension nationale est la raison d'être, alors il subit son premier coup d'arrêt à la fin de l'année 1985.

Pourtant, en ce printemps 1986, la vie associative gaie et lesbienne n'a jamais été aussi diverse et dynamique. Il existe à Paris le Mouvement adolescence gaie qui côtoie le groupe des Gays antiguerre, les Bénines d'Apies (un groupe de randonneuses) ou encore les lesbiennes de l'association Mytilène qui se retrouvent autour de la pratique du karaté et de l'aïkido. À Angers, le groupe des Danaïdes organise une cafétéria de femmes, tandis qu'à Nancy, la Gai amitié initiative anime la vie de la cité et qu'à Lille, le Groupe homosexuel pour l'expression des minorités rayonne dans toute la ville. Avec 117 groupes présents dans tout le pays, le maillage associatif gai et lesbien montre la vigueur de la mobilisation locale. Or, aucun de ces groupes ne fait partie du CUARH ni d'une quelconque forme de coordination : le mouvement homosexuel national est à terre.

C'est dans cette séquence de désolation militante, quand on aurait pu penser que tout était fini, que quelques rescapé·es du CUARH et du comité de rédaction d'*Homophonies* jettent leurs dernières forces dans la bataille. Fin novembre 1986, ils et elles éditent le numéro zéro d'une nouvelle version d'*Homophonies* sous-titrée « La lettre des homosexualités ». C'est là tout ce qu'il reste du CUARH : un bulletin de quatre pages, dont le premier numéro ne paraîtra en fait jamais. Après sept ans d'existence, le CUARH disparaît, ultime mobilisation d'un mouvement qui a débuté quinze ans plus tôt avec la naissance du FHAR.

En réalité, l'urgence est ailleurs : l'épidémie du sida, depuis la seconde moitié des années 1980, a fait basculer la communauté homosexuelle dans l'horreur.

CHAPITRE 9

LE SIDA OU LA FIN D'UN MONDE

IL Y AVAIT POURTANT des raisons de se réjouir et de croire à un avenir plus libre, à défaut d'être radieux et révolutionnaire. La législation homophobe appartenait désormais au passé, les lieux pour se rencontrer, faire la fête et se draguer se multipliaient et l'illusion que les socialistes au pouvoir allaient changer quelque chose à l'état du monde nourrissait encore un certain espoir.

Et pourtant. Un mal inconnu allait anéantir tous les rêves d'une génération et briser les perspectives d'un monde où le fond de l'air serait rose. La première apparition aux États-Unis de ce qui ne s'appelait pas encore le sida est survenue le 5 juin 1981 dans la revue de l'agence épidémiologique fédérale, les Centers for Disease Control and Prevention. Il y était fait état de l'observation dans des hôpitaux de Californie de cinq cas aux symptômes identiques : forte fièvre, perte de poids conséquente et affection respiratoire. L'autre point commun entre ces patients : ils étaient homosexuels.

LE « CANCER GAY », OU L'IGNORANCE DU MAL À VENIR

En France, sous la plume d'Antoine Perruchot, *Le Gai Pied* rend compte le premier de ce qu'il se passe. « La communauté gaie américaine est en émoi. Depuis quelques semaines, une quarantaine de cas de la fort rare maladie de Kaposi ont été recensés aux USA. Tous les malades sont pédés[1]. » De l'autre côté de l'Atlantique pointe déjà la peur d'un retour de bâton moraliste qui frappera bientôt l'Europe.

Quelques mois plus tard, *Homophonies* annonce (au conditionnel) la détection d'un premier cas à Paris. Craintif et sceptique, le journal se demande : « Existe-t-il une pathologie spécifique aux homosexuels masculins ? Est-ce la dernière trouvaille de nos moralistes pour nous remettre sur les rails de la normalité ? Il faut savoir à quel point les maladies sexuellement transmissibles ont toujours été utilisées comme un épouvantail contre la libération des mœurs[2]. »

Mais on est loin du déni que certains ont voulu faire croire. La multiplicité des partenaires et des pratiques est retenue et reconnue comme un facteur de risque. Une différence est aussi faite entre les homosexuels des grands centres urbains et les autres, ce qui ne doit pas permettre « d'extrapoler les observations faites sur les homos de Californie à tous les homosexuels masculins ». Face à ces risques reconnus, la revue met en avant des conseils de prévention : effectuer des tests réguliers et se faire vacciner contre les maladies qui le permettent, mais surtout « développer une certaine éthique et une certaine solidarité afin que toute personne atteinte d'une maladie sexuellement transmissible, si bénigne soit-elle, avertisse aussitôt ses partenaires, réguliers ou occasionnels[3] ».

Les connaissances relatives à la maladie sont en 1982 encore balbutiantes. En France, trois médecins, Willy Rozenbaum, Odile Picard et Jacques Leibowitch, en relation avec le ministère de la Santé, ont mis sur pied un réseau de surveillance auprès des milieux médicaux et de la communauté homosexuelle. Cette structure prendra le nom de Groupe français de travail sur le sida. Très tôt, celui-ci invite à ses réunions deux médecins de l'AMG, Patrice Meyer et Claude Villalonga, ainsi que Jean-Marc Choub, un médecin du CUARH. Ce qui ne s'appelle pas encore le sida n'intéresse alors personne d'autre que ces « jeunes médecins originaux et marginaux » issus de l'extrême gauche. Or, les associations sont « moins réceptives que prévu[4] » et le médecin du CUARH cesse de venir sans être remplacé.

Le 24 avril 1982, l'AMG organise un colloque où se retrouvent quelque 70 médecins pour discuter « des déficits immunitaires observés chez certains homosexuels ». Jean-Marc Choub, qui a participé à la rencontre, affirme « qu'on a infiniment plus de chance de mourir d'un accident de la route, d'un cancer du poumon (pour ceux qui fument) ou d'un infarctus que d'être atteint de cette maladie[5] ». Le faible nombre de cas alors détectés[I], les approximations médicales et la méconnaissance de la maladie expliquent la teneur de ces propos. « Sans nier le caractère préoccupant de ce syndrome, l'ensemble des participants ont tenu à dénoncer les articles alarmistes de la presse (médicale ou non médicale) qui dramatisent à outrance la situation, ainsi que les utilisations politiciennes ou homophobes[6]. »

Il faut se rappeler qu'au début de l'année 1982, alors que certaines rumeurs accusent le poppers d'être responsable de la maladie, la seule source d'information disponible est la presse généraliste qui, pour l'essentiel, fait ses choux gras d'un soi-disant « cancer gai ». Mais comment un cancer pourrait-il être homosexuel ? Pour les militant·es, cette affirmation n'a aucun sens. Il n'est alors guère étonnant qu'en réaction, les gais soient sur la défensive. D'autant que le temps des discriminations légales est encore proche, l'homophobie quotidienne une réalité, et que la peur de la stigmatisation règne. Albert Rosse se souvient de son incrédulité : « Je peux te transmettre la grippe, je peux te transmettre un rhume, mais je ne peux pas te transmettre un cancer. C'est impossible. Donc, au départ, on était morts de rire : qu'est-ce qu'ils ne vont pas inventer pour nous empêcher de baiser[7] ? »

Si la maladie ne peut être homosexuelle, le constat est sans appel en février 1983 : « [L]e syndrome d'immunodépression acquise progresse dans le monde. » Les connaissances se précisent. Depuis l'été 1982, de nouveaux foyers du virus sont découverts : les Caraïbes et la côte ouest du continent africain. La maladie devient progressivement celle des « 4 H » : homosexuel·les, hémophiles, Haïtien·nes, héroïnomanes. Alors que le dépistage du sida commence à être efficace, les seuls traitements qui existent « ne permettent [pas] aux patients de récupérer toute leur immunité[8] ». Au-delà de l'euphémisme, l'avenir des malades laisse peu de place au doute : la mort.

I. Alors que rétrospectivement ce sont 12 cas de sida qui sont établis pour l'année 1981, au 31 décembre 1982, 48 sont recensés en France, dont 28 chez des homo-bisexuels masculins.

Malgré l'avancée des recherches scientifiques et la détection de cas chez les hétérosexuel·les, l'assimilation entre les homosexuel·les et la maladie est dans toutes les têtes et la lutte pour les dissocier est d'autant plus ardue qu'entre le printemps et l'été 1983, la presse multiplie les titres stigmatisants. Pour ne pas rester cloîtré·es dans la spéculation, les militant·es ressentent la nécessité de laisser le personnel médical prendre une certaine place dans le mouvement. Si faire intervenir des médecins et des épidémiologistes est un gage de crédibilité, il s'agit aussi de rassurer une communauté qui n'échappe pas à tout ce qu'on peut raconter sur elle. Il va sans dire que les relations entre les mondes homosexuel et médical sont encore pleines de défiance. Patrick Cardon, ancienne figure de la MFL, le résume avec limpidité : « Le sida est arrivé au moment précis où les médecins et les homosexuels avaient cessé de dialoguer : c'était chez le psychiatre que certains parents convoquaient leurs enfants lorsqu'ils apprenaient leur homosexualité ; c'étaient des médecins qui pensaient traiter l'attirance homosexuelle par un procédé radical : la lobotomie ! » L'image que les homosexuel·les avaient de la médecine se bornait à la répression. « C'est alors que les toubibs ont voulu renouer le dialogue pour nous annoncer l'apparition d'une nouvelle maladie, au moment où nous avions réussi à sortir l'homosexualité de la liste des maladies psychiatriques. Les médecins ne pouvaient plus être crédibles[9]. »

Établir des liens de confiance entre ces deux mondes a beau être une gageure, il faut pourtant essayer, à tout prix, pour lutter contre l'épidémie. En septembre 1983, *Homophonies* consacre ainsi tout un dossier à la maladie. Les quelques lignes qui l'introduisent sont éloquentes :

> La huitième décennie du XXe siècle se poursuit. La tuberculose est vaincue depuis longtemps. Les navettes spatiales assurent des voyages presque réguliers. Les accélérateurs de particules génèrent l'antimatière. Des millions d'êtres humains meurent chaque année de faim. Autre part, quelques hommes sont atteints par une maladie contagieuse dont on connaît encore si peu de choses. Les vieux démons de l'oppression se réveillent. L'information se transforme en déclarations, en répression, en illusion, en réprobation. Le nom du mal : quatre lettres : SIDA, syndrome d'immunodépression acquise[10].

Le dossier met en lumière deux approches qui façonneront la mobilisation. La première deviendra celle du journal, et dans une plus large mesure celle du CUARH et du mouvement: « Un chercheur, un praticien, un malade vous parlent. Dans leurs discours, ne cherchez pas la morale; non, ils s'interrogent, et ils informent. Écoutez-les. » La seconde suit le rythme des découvertes et des déconvenues: « Le présent dossier est une photographie de la situation en cet été 1983. Il est possible que dans un mois, six mois, deux ans, de nouvelles données complètent, infirment, annihilent ou confirment les paroles de l'un ou l'autre [...]. Écoutez-les[11]. »

Pour tenter de renforcer le dialogue entre les médecins et les gais, le professeur Luc Montagnier, qui vient de découvrir le rétrovirus LAV supposément responsable du sida, est invité à s'exprimer sur l'état des connaissances de la recherche. Alors qu'il souhaite dédramatiser la situation, particulièrement après les attaques dans la presse, sa prise de parole démontre à quel point les erreurs de jugement sont nombreuses et l'avenir de l'épidémie insoupçonné. Il explique ainsi que « la panique [n'est pas] justifiée, ni par le faible nombre de cas actuels ni par leur développement prévisible[12] ». L'inconnu étant le maître-mot, les rumeurs les plus diverses circulent alors sur les modes de contamination.

ÉCOUTEZ-LES, AGISSONS

L'épidémie du VIH-sida a tué plus de 40 000 personnes en France et son histoire est indissociable de celle du mouvement homosexuel. Afin de donner une intelligibilité à la catastrophe qui s'est abattue et a décimé toute une génération, certains ont affirmé que l'attentisme et le déni de la tragédie rendaient les militant·es du mouvement homosexuel responsables de la propagation de l'épidémie, ou à tout le moins qu'ils et elles n'avaient pas été à la hauteur des enjeux. Cette affirmation est mensongère à plus d'un titre, et reconstruire l'histoire à sa guise en partant de sa fin n'est utile à personne. Dans les années 1980, les militant·es, craignant le retour de bâton moralisateur, pèchent par les maigres connaissances dont ils et elles disposent sur la maladie et

SOLDES

par leur rapport tendu avec l'institution médicale. À cela, il faut ajouter le nombre limité de malades et l'incurie du personnel politique dans la gestion de la crise. Sans oublier la détresse psychologique dans laquelle peuvent être plongées les personnes atteintes d'une maladie sans traitement qui les conduira à une mort presque certaine.

Au-delà d'une nécessaire compréhension de la subjectivité et des possibles existants au début des années 1980, les faits montrent aussi que le mouvement homosexuel n'a pas été passif, qu'il a tenté de réagir. Jusqu'en 1984, même si seuls quelques dizaines de cas de sida étaient enregistrés en France, le mouvement homosexuel avait déjà activé la mobilisation. Était-elle proportionnelle à la gravité de la situation ? Les jugements téléologiques font rarement bon ménage avec une analyse historique. La question serait plutôt : dans ces circonstances, quelle mobilisation était possible ? Les dernières grandes épidémies étaient déjà consignées dans les livres d'histoire et personne n'était alors en mesure d'imaginer les ravages que le sida engendrerait.

Le CUARH était né pour lutter contre la répression, et c'est ainsi, fidèle à son acte de naissance, qu'il entre dans la danse dès 1982. Son objectif ? Que la maladie cesse d'être assimilée à l'homosexualité. Lorsque le gouvernement ordonne la fermeture des backrooms en 1985, le CUARH donne de la voix. C'est pour lui une décision répressive et non sanitaire. « La police n'a pas à décider comment nous devons faire l'amour ! » clame le communiqué. Si pour certain·es le propos est ambigu et irresponsable au vu des risques accrus de contamination dans ces espaces, le CUARH répond « qu'il ne s'agit pas de faire de la propagande pour les backrooms, pas plus que d'imposer un mode de vie comme norme, mais de reconnaître à chacun la liberté de choisir[13] ». Et lorsque le gouvernement choisit d'inclure un questionnaire pour les dons de sang, le CUARH dénonce le risque de fichage – cette crainte n'est pas difficile à comprendre.

Le CUARH ajoute une corde à son arc en intervenant comme médiateur scientifique. *Homophonies* accorde une place importante au suivi de la maladie et aux avancées de la recherche. Et bien entendu, le CUARH fait ce qu'il sait faire : il entreprend une mobilisation politique pour empêcher que les gais et les lesbiennes ne redeviennent des « citoyen·nes de seconde zone[14] ». Mais il est aussi possible qu'à force de dénoncer des attaques venant de toutes parts, à force de lutter contre le retour d'un nouvel ordre moral, certain·es militant·es aient pu avoir l'impression de se battre contre des moulins.

La toute première association spécifiquement destinée à la lutte contre le sida, Vaincre le sida, est créée par Patrice Meyer, membre de l'AMG, au terme de l'UEH de l'été 1983. C'est en son sein que s'établissent les principes de l'action communautaire, dans laquelle les malades sont considérés comme experts de leur maladie. Meyer est secondé dans son projet par quelques amis, dont Jacky Fougeray, et deux responsables de la revue *Samouraï*. L'association vise d'abord à diffuser une information vérifiée et à jour sur la maladie, « face à celle de journaux souvent plus soucieux de sensation que de précision[15] ». Elle se consacre aussi à la défense des malades et propose divers services : Écoute sida, une permanence téléphonique quotidienne de 20 à 22 heures, et Infos sida, un répondeur « diffusant l'information de base, l'actualité médicale et celle de tous les organismes concernés par le SIDA ». Mais Vaincre le sida ne comptera jamais plus de quelques militants qui « se dispersent et s'épuisent dans un travail d'information auprès d'un public de plus en plus large[16] ». Quoique dérisoire pour endiguer le raz-de-marée de la maladie, l'action de ces militants est à la hauteur de leurs moyens.

Et ils ne sont pas les seuls à faire leur possible. La mobilisation se construit aussi à l'échelle internationale. Du 20 au 22 janvier 1984, l'IGA a tenu une conférence européenne de trois jours à Amsterdam pour échanger des informations à propos du virus. Issu·es d'une quinzaine de pays, médecins gais, membres de groupes d'aide aux malades et militant·es de différentes associations demandent aux organisations « de prendre contact avec leurs autorités gouvernementales et le ministère de la Santé pour qu'ils prennent leurs responsabilités financières au niveau de l'information, de la recherche médicale et du soutien aux groupes d'aide aux malades ». Les gais étant les plus touchés par l'épidémie, souligne la conférence, il leur incombe d'être en première ligne de la lutte contre la maladie : ils ont le devoir et l'intérêt de favoriser une coopération croissante avec les instances médicales. C'est avec une prédiction politique relativement sagace que Patrick Gilhard et Daniel Semré clôturent ces trois jours : « Il est clair que seul un effort combiné de la communauté gaie, des autorités médicales et de l'ensemble du grand public peut garantir les intérêts des gais et les droits fondamentaux reconnus à chacun[17]. » À l'image des récoltes de fonds aux États-Unis, l'AMG et *Gai Pied Hebdo* organisent alors le 23 janvier 1984 au Théâtre de Paris un gala au profit de la recherche sur le sida. Les bénéfices de l'événement sont tous reversés à l'Association de recherche sur le sida.

Au second semestre de 1983, le nombre de cas déclarés a légèrement diminué. Cette nouvelle provoque à la fois un soulagement du côté des militant·es et une forme de relâchement. Mais quelques mois plus tard, la situation a bien changé : 180 cas au 15 juillet, dont 74 sont décédés. Par ailleurs, le nombre de malades est sans aucun doute sous-estimé.

L'actualité de septembre assombrit un tableau déjà peu lumineux. Une étude médicale étatsunienne a mis au jour, après l'examen d'échantillons de sang – dont certains vieux de près de six ans prélevés sur les populations dites à risques –, des chiffres affolants : « Le pourcentage de cas où l'on a décelé les anticorps qui seraient associés au développement du SIDA serait passé de 1 à 65 % en six années ! » La suite est très claire : « On s'achemine probablement vers un cap difficile en Europe. » Il est urgent de mettre à profit le décalage qui existe entre les États-Unis et la France, « les homos » devant désormais « être conscients de leur responsabilité ». En filigrane, certain·es admettent que la mobilisation contre le virus n'est pas suffisante face à l'imminence du danger et tirent la sonnette d'alarme : « Ce qu'il faut bien comprendre, c'est qu'il faut faire vite : d'abord parce qu'il y a des vies en jeu, ensuite parce qu'il n'est pas question de laisser à nos détracteurs l'occasion d'exploiter un amalgame facile entre libération sexuelle, cancer gai et vengeance divine[18]... »

D'après Hervé Liffran, ce vent de panique suit la série de bonnes nouvelles qui avaient eu des répercussions néfastes sur la mobilisation. À partir de la découverte du LAV en 1983, « les plus folles rumeurs ont commencé à circuler sur la mise au point imminente d'un vaccin[19] ».

D'après le permanent du CUARH, l'attention portée aux conseils de prévention aurait diminuée. La grande presse porterait une part de responsabilité, elle qui a été dans l'outrance, qui a soufflé le chaud et le froid au risque de décrédibiliser l'ensemble de l'information médicale. Les conséquences sont donc prévisibles : les gais ne font guère confiance à l'information donnée sur le sida et en payent le prix.

Avec la recrudescence des cas, selon *Homophonies*, il faut « alerter rapidement les gays des dangers que peut faire courir la maladie et les précautions à prendre pour limiter les risques ». Et insister tout particulièrement sur les mesures de prévention connues en 1984 et adoptées par le Bureau des maladies transmissibles : abstention volontaire du don du sang, réduction du nombre de partenaires et usage du préservatif.

« SIDA : RIEN NE VA PLUS »

« Les gais n'ont pas pris la mesure des conséquences morales, sociales et légales pour eux. La libération sexuelle n'est pas l'alpha et l'oméga de notre identité. Il y a urgence à penser nos formes d'affections jusqu'à la mort, ce que les hétéros ont déjà institutionnalisé depuis longtemps. Je ne retournerai pas mourir chez maman[20]. » Ces mots, c'est un sociologue de l'Université de Vincennes, Daniel Defert, qui les écrit dans une lettre envoyée en septembre 1984 à une dizaine de personnes, trois mois après le décès de son compagnon, le philosophe Michel Foucault. Le 4 décembre, les statuts de l'association AIDES sont déposés en préfecture.

Le 16 février 1985, AIDES édite sa première brochure imprimée à 5 000 exemplaires en supplément de *Gai Pied Hebdo*. L'association, dans le même temps, s'attelle à informer par tous les autres moyens disponibles : permanence téléphonique avec répondeur, diffusion de brochures et de tracts dans les lieux gais, principalement les bars, organisation de débats et de réunions publiques, service d'accompagnement des personnes malades, etc. L'ignorance sur la maladie est grande, mais les modes de contamination ont été formellement établis : les pratiques sexuelles qui mettent en contact sperme, salive et muqueuses, les transfusions sanguines et la réutilisation de seringues. Lorsque la plaquette est rééditée au mois de septembre, elle ne prend pas avec des pincettes ceux qui refusent de modifier leurs pratiques sexuelles : « Il n'y a donc pas lieu de ricaner lorsqu'on parle de précautions élémentaires : usage de préservatifs et limitation du nombre des partenaires. Si votre partenaire prend des précautions, imitez-le au lieu de vous sauver. Il n'est pas forcément malade ou timoré, mais prudent et responsable[21]. » Par ces mots, on sent à nouveau poindre l'effroi d'une population qui ne sait pas comment réagir face à la maladie et qui, pour partie d'entre elle, est encore dans le déni ou la panique. La communauté homosexuelle s'achemine vers un horizon funeste.

Le pouvoir politique en France tarde lui aussi à réagir et à mettre en place une politique de santé publique à la hauteur de la catastrophe. Les enjeux sont principalement électoralistes – les élections législatives du printemps 1986 approchent. L'épidémie, marquée du stigmate de « cancer gay », fait figure de repoussoir pour le personnel politique. Quand, le 20 juin 1985, Laurent Fabius rend le dépistage du sida obligatoire dans les centres de transfusion lors des prélèvements de sang, il s'applique rigoureusement à gommer toute référence à l'homosexualité. Entre fin 1984 et début 1985, la croissance de la maladie et ses modes de transmission étaient parfaitement connus des responsables de la Direction générale de la santé et du cabinet du secrétaire d'État à la santé, Edmond Hervé, qui avait reçu AIDES à deux reprises. Mais sur instruction de Matignon, « il s'avérait impossible de débloquer des fonds pour la prévention, dans la mesure où, à un an des législatives, le gouvernement ne souhaitait pas donner l'idée qu'il soutenait les gays[22] ». Cela ne sauvera pas les socialistes de la défaite électorale. Il faudra encore attendre deux ans pour que, sous l'impulsion de Michèle Barzach, ministre de la Santé de Jacques Chirac, la publicité sur les préservatifs et les seringues soit autorisée.

Fin 1984, la mise au point du test ELISA permet de déceler des anticorps dans le sang, et par analogie de définir le statut sérologique du patient, c'est-à-dire ce qui n'est pas encore désigné comme étant la séropositivité. C'est un pas de géant, et un abîme qui s'ouvre. Quelques mois plus tôt, la recherche établissait que la période d'incubation du sida pouvait être de plusieurs années. Il devient alors évident pour les médecins que des milliers de personnes sont contaminées. Désormais, il est possible de *savoir*. Les attitudes face à l'opportunité d'effectuer ce test divergent. « Quand les tests sont arrivés, raconte Jean-Michel Rousseau, on ne disait pas séropositif, on disait "Tu as le sida". Le résultat du test était tellement binaire que tu hésitais à le faire. Si on te disait que tu avais le sida, c'était fini. On n'était pas dans le déni, on était plutôt désemparés[23]. »

En réaction, l'une des attitudes possibles consiste à s'engager dans les associations de lutte contre le sida, dont la mobilisation initiale est le fait de personnes atteintes du virus ou de leurs proches. Pour de multiples raisons, les militant·es ayant participé à la mobilisation homosexuelle dans les années 1970 et au début des années 1980 ne rejoignent que tardivement les associations de lutte contre la maladie. Albert Rosse en fait partie : « Je suis allé à AIDES au début des années 1990 et je me souviens que j'ai fait une crise de larmes en arrivant. » Il confie aux militant·es présent·es : « Je connais ça depuis avant vous tous, [...] mais je n'étais pas capable de venir plus tôt[24]. »

Là où la militance politique requérait une projection dans l'avenir, le sida change tout. L'avenir se compte désormais en années, parfois en mois. À partir de là, quel sens y a-t-il à s'engager dans une lutte ? Avec un avenir hypothéqué, l'expérience immédiate de la vie prend le pas sur le reste – la fête et les drogues deviennent des soupapes nécessaires. « Le test, on ne voulait pas le passer, par peur du résultat, se souvient Alain Lecoultre. Le militantisme devenait secondaire. En fait, on n'en avait plus le temps ni l'envie. » L'abattement psychologique est total : « Ça a tout écrasé. La première chose que je regardais dans *Le Monde* c'était la nécro, et j'y trouvais, presque chaque jour, un ou deux décès du sida[25]. »

À l'UEH de 1985, Vaincre le sida propose une discussion pour répondre aux craintes qui s'ajoutent aux questions taraudant les participant·es. Catherine Gonnard en garde un souvenir terrible : « Je me souviens très bien de ce moment où [Frédéric Edelmann] regarde la salle et dit : "La moitié d'entre vous va mourir. Et la moitié est morte."[II] » « Tous les gens qui étaient malades en 1980-1981 sont morts », ajoute le journaliste, sachant que dans les centres de dépistage parisiens, 40 % des tests sont positifs. La situation lui semble tellement critique que dans moins d'un an, selon lui, « la diffusion du virus en France et à Paris notamment aura atteint un point de non-retour et il y aura trop de gens contaminés pour éviter la poursuite de la propagation du virus[26] ».

Edelmann regrette aussi que l'engagement des gais et des lesbiennes auprès des malades soit si timide, mais il explique cette situation par la peur qui s'est insinuée partout : « Les gens fuient leurs amis à l'hôpital, comme leurs familles les fuient[27]. » Or, il n'y a pas d'autre choix : il faut arrêter de fuir. Une nouvelle gestion politique des corps doit s'inventer. Ici, il s'agira d'un encouragement à la monogamie, à la pratique du *safer sex* et à l'usage inconditionnel des préservatifs. Pourtant, certain·es dans l'assemblée persistent à minimiser la tragédie en cours.

Après l'UEH de 1985, une autre a lieu en 1987, puis le GLH de Marseille disparaît. Les ravages de l'épidémie sont tels que plus personne ne sera en mesure de prendre en charge cette organisation jusqu'en 1999, vingt ans après la première édition.

L'accroissement des connaissances sur le sida va de pair avec la multiplication des cas. Au 31 décembre 1984, 377 sont recensés en France. Les chiffres des années suivantes sont vertigineux : 959 en 1985, 2 213 en 1986, 4 458 en 1987 et 7 503 en 1988. La mort est partout. À la mesure du mal qui grandit, la mobilisation fait face et s'organise. Les associations existantes accompagnent les malades et soutiennent la recherche. Il faudra attendre la création d'Act Up en 1989 pour que le combat politique homosexuel ressurgisse et mette les hommes et les femmes politiques devant leurs responsabilités. Et elles sont grandes. Les secousses de l'épidémie ébranleront profondément la communauté et la mobilisation LGBTQIA+, aujourd'hui encore.

II. Les véritables mots d'Edelmann sont les suivants : « Et cela peut vouloir dire beaucoup, beaucoup de monde. Cela peut vouloir dire un pourcentage assez important, dans cette salle notamment. D'ici à trois ans, il peut y avoir 70 % de la population qui est porteuse du virus et 5 à 10 % de ces personnes seront malades. Faites vos calculs. »

ÉPILOGUE

Le CUARH disparu, des groupes continuent d'éclore. Une nouvelle structure interassociative émerge à Paris, la Fédération Agora, dans le but de favoriser la convivialité et le lien social, sans oublier le collectif homosexuel mixte de critique sociale Agir, fondé en 1985 par des membres d'*Homophonies*, de *Lesbia* et des Archives, recherches, cultures lesbiennes. La même année, une trentaine de groupes gais et lesbiens créent une Coordination nationale homosexuelle pour peser sur l'élection présidentielle de 1988. Mais ces histoires, on en connaît déjà la fin. Et c'est par un autre groupe que je souhaite conclure ce récit, tant il résonne avec notre monde actuel.

En 2012 déjà, Didier Lestrade publiait *Pourquoi les gays sont passés à droite*, livre dans lequel il peignait un portrait des gais loin de l'image progressiste qui leur a souvent été accolée. Depuis, la situation n'a cessé d'empirer. Le fascisme alors rampant galope désormais, et tout un pan de la « communauté » – principalement des gais cis blancs – assume sans vergogne ses amours pour l'extrême droite. Dire que cette réalité me donne la nausée n'en atténue pas la gravité.

L'UEH de 1987, la dernière avant un arrêt de douze ans, fut l'occasion d'une clarification politique. Un nouveau groupe, Gaie France, qui édite un journal du même nom, y tient un stand. La présence de ce groupe, admis sans réaction à plusieurs occasions dans le mouvement homosexuel, notamment à Paris lors de la lutte contre la censure de *Gai Pied Hebdo* en mars 1987 et durant la marche de juin[1], ne semble pas causer trop de remous à Marseille non plus, dans un premier temps. Pour justifier leur inaction, les organisateur·ices arguent d'une méconnaissance de son idéologie et de ses activités. Mais très vite, des participant·es expriment leur refus : c'est un groupe d'extrême droite, il n'a rien à faire là.

Le CUARH s'était formé lors de la première UEH pour répondre aux urgences répressives ; là, comme une sorte de miroir, c'est au tour du Comité homosexuel et lesbien antifasciste (CHLAF) de voir le jour. Les militant·es dénoncent « la banalisation de ce groupe d'extrême droite [Gaie France] dans le cadre de la dépolitisation et de l'ignorance grandissante dans le mouvement[2] ».

Que faire de cette histoire ? Si l'on peut émettre l'hypothèse d'une repolitisation des prides ces dernières années et de la multiplication des prises de position antifascistes chez les militant·es queers, force est de constater que les idées d'extrême droite prolifèrent toujours plus dans une « communauté » qui n'en a que le nom. Alors, que faire quand l'extrême droite est aux portes du pouvoir et que les attaques fascistes se multiplient ?

Le CHLAF a lutté sur trois fronts. La pédagogie, en publiant de la littérature de combat. L'organisation collective et locale, avec la création de Comités antifascistes gais et lesbiens partout où c'était possible. L'alliance, en établissant des complicités avec des groupes antifascistes en France et à l'étranger. Des initiatives et des pratiques que certain·es ont déjà embrassées aujourd'hui.

Nous le savions déjà, mais il est primordial de le répéter : rien n'est jamais gagné, rien n'est jamais acquis. Nous sommes et nous resterons des populations minoritaires. Les droits et libertés conquises hier pourront être balayées demain. Alors rappelons-nous que nous n'aurons que ce que nous saurons prendre, et que cela passera forcément par la lutte et dans la rue.

REMERCIEMENTS

À l'automne 2015, je m'installais à Toulouse et entamais mes premières recherches sur l'histoire du mouvement homosexuel français. Je n'aurais jamais imaginé que près de dix ans plus tard, je mettrais un point final à la mise en récit de cette histoire. Si la rédaction d'une thèse puis d'un livre est un exercice solitaire, ce fut loin d'être le cas du reste de cette aventure. Cette recherche est aussi une construction collective du savoir qui m'a souvent poussé à songer à quel point il aurait été passionnant de la mener véritablement à plusieurs.

Il me faut tout d'abord remercier toutes celles et ceux qui ont participé à cette histoire, qui ont lutté pour que nous puissions aujourd'hui exister, lutter et aimer plus librement. Ma reconnaissance va, dans l'ordre de mes rencontres, particulièrement à Christian de Leusse, Jean-Michel Rousseau, Catherine Gonnard, Alain Lecoultre, Michel Chomarat, Daniel Galy, Jean Cavailhes, Jean Stern, Michèle Larrouy, Albert Rosse, Jean-Claude Aubry, Anne-Marie Faure-Fraisse, Jacques Fortin, Patrick Cardon, Jean-Paul Amouroux, Pierre Dutey, Suzette Robichon, Hervé Liffran, Michel Heim, Jacques Girard, Guy Chevalier et Hervé Chevaux.

Une reconnaissance infinie à tous les centres et espaces d'archives, au réseau Big Tata, ainsi qu'à celles et ceux qui les font vivre. Cette recherche n'aurait jamais été possible sans la puissance communautaire.

Merci à toi Paulin, ce bouquin te doit beaucoup. Ta persévérance m'a permis d'écrire une histoire qu'il me tarde de partager.

Merci aussi à toutes celles et ceux qui m'ont accompagné au gré de cette recherche, pour toutes ces portes ouvertes et ces conseils précieux.

Une immense pensée et plein d'amour pour vous, ami·es et camarades, qui avez été là tout au long de cette année des plus difficiles. Je vous dédie cette recherche.

Pour toi Schatzi, *für alles, was wir zusammen erlebt haben.*

À toutes celles et ceux qui luttent.

Toulouse, août 2024

NOTES ET RÉFÉRENCES

1. « Groupe de libération homosexuel de Lyon », *Bulletin des GLH province,* n° 1, mai 1976.

Introduction

1. Pour une histoire sensible de cette trajectoire, voir Mathias Quéré, « Autres mémoires d'un autre désir. Hériter des archives du mouvement homosexuel », *Jef Klak,* n° 8, printemps 2022, p. 64-73.
2. On peut consulter le site internet à l'adresse suivante : Bigtata.org.
3. Je développe mon approche politique et éthique de la recherche dans ce texte : « À la recherche de nos histoires perdues », *Trou noir,* n° 3, été 2024.

Chapitre 1

1. Code pénal (ancien), articles 331, 330, 334.
2. Pour une histoire détaillée de la répression de l'homosexualité en France depuis 1945, voir Jérémie Gauthier et Régis Schlagdenhauffen, « Les sexualités "contre-nature" face à la justice pénale. Une analyse des condamnations pour "homosexualité" en France (1945-1982) », *Déviance et société,* vol. 43, n° 3, 2019, p. 421-459.
3. Julian Jackson, « Arcadie : sens et enjeux de l'"homophilie" en France, 1954-1982 », *Revue d'histoire moderne et contemporaine,* vol. 53, n° 4, 2006, p. 164.
4. *Ibid.*, p. 162.
5. *Ibid.*, p. 171.
6. « Sur Arcadie », *Agence Tasse,* n° 9, 5 mai 1976, p. 3.
7. Anne-Claire Rebreyend, *Intimités amoureuses. France 1920-1975,* Toulouse, Presses universitaires du Mirail, coll. « Le temps du genre », 2008, p. 268.
8. Pour une histoire du CAPR, voir Michael Sibalis, « Mai 68 : le Comité d'action pédérastique révolutionnaire occupe la Sorbonne », *Genre, sexualité & société,* n° 10, automne 2013.

9. Voir à ce sujet Martin Duberman, *Stonewall: The Definitive Story of the LGBTQ Rights Uprising that Changed America*, New York, Plume, 2019 [1993].
10. Mickaël Durand, « Réconcilier christianisme et homosexualité. Histoire et politique de l'identité du mouvement David & Jonathan en France », dans Rémy Bethmont et Martine Gross (dir.), *Homosexualité et traditions monothéistes. Vers la fin d'un antagonisme ?*, Genève, Labor et Fides, 2017, p. 83.
11. Pour une histoire du FHAR, voir Michael Sibalis, « L'arrivée de la libération gay en France. Le Front homosexuel d'action révolutionnaire (FHAR) », *Genre, sexualité & société*, nº 3, printemps 2010.
12. Massimo Prearo, « Le moment 70 de la sexualité : de la dissidence identitaire en milieu militant », *Genre, sexualité & société*, nº 3, printemps 2010.
13. « L'homosexualité, ce douloureux problème », *Revue H*, nº 1, 1996.
14. Front homosexuel d'action révolutionnaire, *Rapport contre la normalité*, Paris, Champ libre, 1971, p. 72.
15. Voir Antoine Idier, *Les vies de Guy Hocquenghem. Politique, sexualité, culture*, Paris, Fayard, coll. « À venir », 2017.
16. « FHAR », *Tout !*, nº 13, mai 1971, p. 2.
17. Pour une histoire des Gouines rouges, voir Marie-Jo Bonnet, « Les Gouines Rouges », *Ex Æquo*, nº 11, octobre 1997.
18. Jean-Luc Hennig, « Les sauvages de la Gay presse », *Libération*, 19 mai 1976.
19. Lors de l'émission *Campus*, Europe 1, 18 mars 1970.
20. Sorj Chalandon, « L'homosexualité à la télévision », *Libération*, 23 janvier 1975.
21. Frédéric Martel, *Le rose et le noir. Les homosexuels en France depuis 1968*, Paris, Seuil, coll. « Points », 2008 [1996], p. 150-151.
22. « Chérie je t'aime », *Libération*, 13 et 14 décembre 1975.
23. « Chéri je t'aime », *Libération*, 6 et 7 octobre 1979.
24. Martel, *Le rose et le noir*, *op. cit.*, p. 154.
25. *Ibid.*
26. « À nos lecteurs », *Arcadie*, nº 273, septembre 1976, p. 369.
27. Pour une histoire personnelle de Philandros, voir Jean-Paul Amouroux, *Du rose à l'arc-en-ciel. Souvenirs authentiques d'un vieux con paranoïaque et homosexuel*, Marmande, Jacques André Éditeur, 2015.
28. « Sept principes fondamentaux du Groupe de libération homosexuelle », s. l., mai 1974, Mémoire des sexualités, fonds privé Jean-Paul Amouroux.
29. « Des enculés, des gouines, des gousses, des gougnottes, des jésus, des pédés, des tantes vous parlent », s. l., s. d., Mémoire des sexualités, fonds privé Jean-Paul Amouroux.
30. « Témoignage d'un membre du Groupe de libération homosexuelle », s. l., s. d., Mémoire des sexualités, fonds privé Jean-Paul Amouroux.
31. *Ibid.*

32. « Idées générales sur la conception de l'accueil au sein du groupe », s. l., s. d., Mémoire des sexualités, fonds privé Jean-Paul Amouroux.
33. Lettre anonyme, s. l., 9 mai [1975], Mémoire des sexualités, fonds privé Jean-Paul Amouroux.
34. Jean-Luc Hennig, « Naissance d'une autre histoire de l'homosexualité », *Libération*, 21 juin 1975.
35. Régis Schlagdenhauffen, *Triangle rose. La persécution nazie des homosexuels et sa mémoire*, Paris, Autrement, coll. « Mutations / Sexe en tout genre », 2011.
36. Jacques Girard, *Le mouvement homosexuel en France, 1945-1980*, Paris, Syros, 1981, p. 119.
37. « Éditorial », *Agence Tasse*, n° 8, septembre 1976.
38. « Principes fondamentaux de la charte d'adhésion au Groupe de libération homosexuelle », *Le journal du GLH*, n° 0, juin 1976.
39. Jean-Luc Hennig, « La fête du GLH et du GLF à Vincennes », *Libération*, 29 juin 1976.
40. Girard, *Le mouvement homosexuel en France*, *op. cit.*, p. 124.
41. « Manifeste du Groupe de libération homosexuel Politique et quotidien », *GLH-PQ Réflexion*, n° 1, 1976.
42. « Pourquoi les homosexuels défilent aux côtés des femmes ? », *GLH-PQ Réflexion*, n° 1, 1976.
43. « Où en est PQ ? », s. l., 25 août 1976, fonds privé Alain Lecoultre.
44. « Éditorial », *loc. cit.*

Chapitre 2

1. « Groupe de libération homosexuel de Mulhouse », *Bulletin des GLH province*, n° 1, mai 1976.
2. « Être homosexuel », *Bulletin du GLH de Bordeaux*, s. d. [1978], p. 3.
3. « Groupe de libération homosexuel de Rouen », *Bulletin des GLH province*, n° 1, mai 1976.
4. *Ibid.*
5. « Appel à la constitution d'un groupe homosexuel à Orléans », *Libération*, 26 juillet 1976.
6. « Divers », *Agence Tasse*, n° 3, mai 1976.
7. « Dernière minute », *Agence Tasse*, n° 2, mai 1976.
8. « Réponse à la circulaire de Bordeaux par le GLH-PQ », *Bulletin des GLH province*, n° 2, janvier 1977.
9. Entretien avec Jean-Michel Rousseau, Paris, janvier 2019.
10. Marianne Blidon, « Jalons pour une géographie des homosexualités », *L'Espace géographique*, vol. 37, n° 2, 2008, p. 175-189.

11. « Marseille : fondation d'un groupe de libération homosexuelle », *Bulletin des GLH province,* nº 1, mai 1976.
12. « Appel à la constitution d'un groupe homosexuel à Orléans », *loc. cit.*
13. « Groupe de libération homosexuel de Mulhouse », *loc. cit.*
14. « Groupe de libération homosexuel de Rouen », *loc. cit.*
15. « Manifeste du Groupe de libération homosexuel – Alsace (Strasbourg et Mulhouse) », *Bulletin des GLH province,* nº 1, mai 1976.
16. « GLH de Rennes, Manifeste », *Bulletin des GLH province,* nº 1, mai 1976.
17. « Plate-forme GLH Mixte Orléans », *Bulletin des GLH province,* nº 2, janvier 1977.
18. « Dernière minute, GLH de Rouen », *Bulletin des GLH province,* nº 2, janvier 1977.
19. « Éditorial », *Agence Tasse,* nº 6, juillet 1976.
20. « C'est reparti c'est le printemps », *Agence Tasse,* nº 21, avril 1977.
21. « Le Groupe de libération homosexuel mixte de Montpellier. Perspectives 78 », s. l., s. d., fonds privé Daniel Galy.
22. Pour une histoire des festivals de films homosexuels et lesbiens, voir Roméo Isarte, *Silence ! On parle. Projections, ciné-clubs et festivals militants : montrer les films de femmes et les cinémas homosexuels (1968-1986),* mémoire de master 2, Université Lumière Lyon 2, 2017.
23. « Olympic. La semaine homosexuelle du GLH-PQ à Paris », *Diff/Éros,* nº 2, juin-juillet 1977.
24. « La semaine homosexuelle », *Libération,* 20 avril 1977.
25. « "Come out" gay le 1er mai », *Libération,* 4 mai 1977.
26. « Manifestation samedi et dimanche contre la répression de l'homosexualité », *Libération,* 27 juin 1977.
27. « La militance gaie », *Masques,* nº 1, mai 1979, p. 99-101.
28. *Ibid.*
29. Pour une histoire de la vie homosexuelle lyonnaise dans les années 1970, voir Antoine Idier, *Dissidanse rose. Fragments de vies homosexuelles à Lyon dans les années 70,* Lyon, Michel Chomarat, 2012.
30. « Les minorités s'affichent », *Libération,* 2 mai 1979.
31. « 1er Mai, de Perrache aux Brotteaux », *Le Progrès,* 2 mai 1979.
32. « La militance gaie », *loc. cit.*
33. *Ibid.*
34. « Dossier identité », *Interlopes,* nos 3-4, 1979.
35. Pour un développement approfondi de la question identitaire, voir Massimo Prearo, *Le moment politique de l'homosexualité. Mouvements, identités et communautés en France,* Lyon, Presses universitaires de Lyon, coll. « Sexualités », 2014.

36. « Groupe de libération homosexuel de Bordeaux », *Bulletin des GLH province*, n° 1, mai 1976.
37. « Homosexualité, identité homosexuelle et capitalisme », *GLH-PQ Réflexion*, n° 3, octobre 1976-janvier 1977.
38. « À nos luttes », *Interlopes*, n° 5, 1979.
39. « Les modifications en cours du statut de l'homosexualité et le leurre de l'intégration de l'homosexualité en régime bourgeois », *GLH-PQ Réflexion*, n° 2, juillet-septembre 1976.
40. « Capitalisme et homosexualité », *GLH-PQ Réflexion*, n° 3, octobre 1976-janvier 1977.
41. Voir Jean-Yves Le Talec, *Folles de France. Repenser l'homosexualité masculine*, Paris, La Découverte, coll. « Textes à l'appui / Genre & sexualité », 2008.

Chapitre 3

1. Sébastien Chauvin, « Les aventures d'une "alliance objective". Quelques moments de la relation entre mouvements homosexuels et mouvements féministes au XXe siècle », *L'homme et la société*, n° 158, 2005, p. 112.
2. Pour une histoire du féminisme dans l'histoire du mouvement homosexuel, voir Justine Fourgeaud, *« On est pas des mecs, on est pédés ». Place du féminisme au sein des mouvements homosexuels mixtes français (1971-1985)*, mémoire de master 2, Institut d'études politiques de Paris, 2017.
3. « Femmes & le mouvement homosexuel », *Agence Tasse*, n° 7, août 1976.
4. « Homosexualité et lutte des femmes », *Bulletin des GLH province*, n° 1, mai 1976.
5. « Groupe de libération homosexuel de Rouen », *Bulletin des GLH province*, n° 1, mai 1976.
6. Lettre du GLH-PQ, 13 mai 1976, fonds privé Jean Le Bitoux.
7. « Maman n'a plus de nom… Et d'ailleurs, elle n'est plus ici », *Libération*, 22 avril 1977.
8. « Où en sommes-nous, nous femmes du GLH mixte d'Orléans cinq mois après la plateforme d'octobre 76 ? », *GLH infos*, printemps 1977.
9. « GLH-PQ. Paris le 4 octobre 1976 », *Bulletin des GLH province*, n° 2, janvier 1977.
10. « Le réverbère et le trottoir. Le meeting du 14 décembre », *Libido Hebdo*, n° 13, décembre 1976.
11. « Groupe de libération homosexuel de Lille », *Bulletin des GLH province*, n° 1, mai 1976.
12. « Femme, je me sens femme… », *Libération*, 14 juin 1976.
13. *Ibid.*
14. Pour une histoire du mouvement lesbien, voir Ilana Eloit, *Lesbian Trouble: Feminism, Heterosexuality and the French Nation (1970-1981)*, thèse de doctorat, London School of Economics and Political Science, 2018.

15. Thierry Voeltzel, *Vingt ans et après*, Paris, Verticales, 2014 [1978], p. 25.
16. Sur les liens entre le mouvement féministe et les lesbiennes, voir Claudie Lesselier, « Les regroupements de lesbiennes dans le mouvement féministe parisien : position et problèmes, 1970-1982 », dans Groupe d'études féministes de l'université Paris VII, *Crises de la société. Féminisme et changement*, Paris, Revue d'en face / Tierce, 1991, p. 87-103.
17. Ilana Eloit, « Trouble dans le féminisme. Du "Nous, les femmes" au "Nous, les lesbiennes" : genèse du sujet politique lesbien en France (1970-1980) », *20 & 21*, nº 148, 2020, p. 137.
18. « Le Groupe des lesbiennes féministes », *Libération*, 22 avril 1977.
19. « Groupe des lesbiennes féministes », *Sorcières*, nº 9, 1977, p. 61-62.
20. « Vivre et s'aimer entre femmes », *Libération*, 6 mai 1976.
21. « Des femmes au GLH », *Libération*, 22 avril 1977.
22. « Compte-rendu de la rencontre internationale des lesbiennes (21-22 mai 1977) », *Diff/Éros*, nº 3, septembre-octobre 1977.
23. « Ce vice bourgeois », dans GLH-Politique et quotidien, *Dossiers de presse sur l'homosexualité*, Paris, Savelli, 1977.
24. Louis-Georges Tin (dir.), *Dictionnaire de l'homophobie*, Paris, Presses universitaires de France, coll. « Grands dictionnaires », 2003, p. 106.
25. « La CGT, les femmes et le premier mai », *Libération*, 15 mai 1976.
26. « Le droit au corps », dans GLH-Politique et quotidien, *Dossiers de presse sur l'homosexualité*, *op. cit.*, p. 26.
27. Pour une histoire complexifiée de la relation de la CGT et du PCF à l'homosexualité, voir Estelle Fisson, « "Il faut replacer dans le contexte de l'époque". Syndicats, mouvement homosexuel et lutte contre les interdictions professionnelles en France et en Espagne », dans Hugo Bouvard, Ilana Eloit et Mathias Quéré (dir.), *Lesbiennes, pédés, arrêtons de raser les murs. Luttes et débats des mouvements lesbiens et homosexuels (1970-1990)*, Paris, La Dispute, coll. « Le genre du monde », 2023, p. 61-84.
28. « Ce vice bourgeois », *loc. cit.*, p. 21.
29. « Réponse à la circulaire de Bordeaux par le GLH-PQ », *Bulletin des GLH province*, nº 2, janvier 1977.
30. Jacques Girard, *Le mouvement homosexuel en France, 1945-1980*, Paris, Syros, 1981, p. 128.
31. « L'homosexualité : sortir du ghetto », *Agence Tasse*, nº 6, juillet 1976.
32. Pour une histoire de la Commission nationale homosexuelle, voir Maurice Avramito, *Quand les gais et les lesbiennes voient rouge ! La Commission nationale homosexuelle de la LCR et le devenir biographique de ses militant.e.s*, mémoire de master 2, Université de Lausanne, 2016 ; Corto Le Perron, « Splendeur et misères des alliances. La Commission nationale homosexuelle (1975-1983) et la fabrique d'une coalition pour le mouvement homosexuel », dans Bouvard, Eloit et Quéré (dir.), *Lesbiennes, pédés, arrêtons de raser les murs*, *op. cit.*, p. 39-42.

33. « Éditorial », *Agence Tasse*, n°s 15-16, décembre 1976-janvier 1977.
34. *Ibid.*
35. Courrier de Maurice Cagnier, 19 octobre 1978, fonds Bruno Hérail, CEDRATS.
36. Le tract n'est pas daté. C'est par recoupement que j'arrive à déterminer que le document a été publié en 1976 ou 1977. D'où l'importance de mettre la date exacte sur nos tracts, camarades !
37. « Le 1er mai des travailleurs homosexuels », s. d., fonds privé Jean Stern.
38. « Et s'il n'en reste qu'un », *Agence Tasse*, nos 22-23, mai 1977.
39. « Lettre à Libé », *Agence Tasse*, n° 12, novembre 1976.
40. « Perspectives pour le mouvement homosexuel », *Bulletin des GLH province*, n° 2, janvier 1977.
41. « Rose et vert », *Interlopes*, n° 1, automne 1977.
42. *Ibid.*
43. GLH-PQ, « À bas l'engagement militaire et sexuel de la jeunesse », *Crosse en l'air*, nos 26-27, mars-avril 1976.
44. Patrut J.J., « L'homosexualité dans les centrales d'hommes », *Le Cap. Journal des prisonniers*, n° 38, juillet 1976.
45. « Y'en a marre de se démaquiller. Premier rassemblement international d'homosexuels, cet été à Quercy », *Libération*, 31 août 1977.
46. « Nouvelles des groupes et des rencontres de l'été », *Diff/Éros*, n° 3, septembre-octobre 1977.
47. *Ibid.*

Chapitre 4

1. Antoine Idier, *Les alinéas au placard. L'abrogation du délit d'homosexualité, 1977-1982*, Paris, Cartouche, coll. « Idées », 2013, p. 117.
2. « Un médecin suspendu pour homosexualité », *Libération*, 27 avril 1978.
3. « Peut-on être pédé et communiste ? », *Libération*, 30 mars 1979.
4. Pour une histoire détaillée, voir Idier, *Les alinéas au placard*, *op. cit.*
5. Voir Olivier Jablonski, « De l'ouverture du ghetto à la dépolitisation. Les festivals de films gais et lesbiens en France en question », *Revue H*, nos 5-6, 1997.
6. « La quinzaine homosexuelle au cinéma "La Pagode". Massacre du festival homo », *Agence Tasse*, nos 24-25-26, février 1978.
7. « Castagne et censure », *Agence Tasse*, nos 27-28-29, mai 1978.
8. « Différence homosexuelle », s. d., fonds privé Alain Lecoultre.
9. « "Les comités homosexuels d'arrondissement" lancent Radio Fil Rose », *Libération*, 28 février 1978.
10. « Différence homosexuelle », *loc. cit.*
11. « "Les comités homosexuels d'arrondissement" lancent Radio Fil Rose », *loc. cit.*

12. *Ibid.*
13. « Différence homosexuelle », *loc. cit.*
14. « Des candidats pd », *Paillettes,* nº 1, s. d., fonds privé Jean Le Bitoux.
15. « Histoire secrète du GLH Paris », *Libération,* 20 juin 1978.
16. Jacques Girard, *Mémoires d'homajour. 1978-10 mai 1981,* Paris, Edilivre, 2015, p. 83.
17. « Lettre ouverte », *entreCHA,* nº 1, s. d.
18. « Homosexuel(les) en voix (voies) de dépassement », *Libération,* 15 juin 1978.
19. Entretien avec Alain Lecoultre, Paris, janvier 2019.
20. Pour une histoire plus approfondie de la revue, voir Luc Pinhas, « La revue *Masques* et les éditions Persona. Une aventure éditoriale et culturelle pionnière au service de la communauté LGBT en France », *Mémoires du livre / Studies in Book Culture,* vol. 9, nº 2, printemps 2018.
21. « Sous les Masques », *Masques,* nº 1, mai 1979.
22. Pour une histoire plus approfondie du journal, voir Luc Pinhas, « Les ambivalences d'une entreprise de presse gaie : le périodique *Gai Pied,* de l'engagement au consumérisme », *Mémoires du livres / Studies in Book Culture,* vol. 3, nº 1, automne 2011.
23. « De l'amitié comme mode de vie », *Le Gai Pied,* nº 25, avril 1981.
24. « GLH Lille », *GLH infos,* nº 1, printemps 1977.
25. « Jouons avec les stars pendant que nous sommes encore jeunes et après, on verra… », *Agence Tasse,* nºs 27-28-29, mai 1978.
26. « Dernière minute », *Bulletin des GLH province,* nº 2, janvier 1977.
27. « Strasbourg », *GLH infos,* nº 1, printemps 1977.
28. « Dossier Identité », *Interlopes,* nºs 3-4, 1979.
29. « Jouons avec les stars pendant que nous sommes encore jeunes et après, on verra… », *loc. cit.*
30. Olivier Fillieule et Isabelle Sommier (dir.), *Marseille années 68,* Paris, Presses de Sciences Po, coll. « Académique », 2018, p. 476.
31. « Pour le droit à la dignité. Conférence de presse du GLH de Marseille », *Libération,* 24 novembre 1977.
32. « Appel du Groupe de libération homosexuel de Marseille, pour l'abrogation des lois discriminatoires et répressives envers l'homosexualité », octobre 1977, fonds Masques et Persona, NAF 28675, boîte 24 « Sur le mouvement gay », BnF site Richelieu.
33. Jacques Fortin, *L'homosexualité est-elle soluble dans le conformisme ?,* Paris, Textuel, coll. « Petite encyclopédie critique », 2010.
34. Entretien avec Jacques Fortin, Avignon, mars 2019.
35. « Pédé garde toi à droite ! Pédé garde toi à gauche ! Mais en avant, toutes !! », 28 février 1978, Mémoire des sexualités, fonds privé.

36. « Jouons avec les stars pendant que nous sommes encore jeunes et après, on verra... », *loc. cit.*
37. « Bref travelling historique », s. d., fonds privé du CEDRATS.
38. « Éditorial : de Lyon à Marseille », *Agence Tasse*, n°s 30-31-32, s. d.
39. *Ibid.*
40. « Homosexuels : le retour du collectif », *Libération*, 14 novembre 1978.
41. *Ibid.*
42. « La réunion nationale des GLH à Lyon le 11 novembre », *Fil rose*, n° 6, décembre 1978-janvier 1979.
43. « L'université homosexuelle d'été. Vacances, vacances », *Le Gai Pied*, n° 6, septembre 1979.
44. Girard, *Mémoires d'homajour, op. cit.*, p. 156-157.

Chapitre 5

1. « Le CUARH : une campagne contre les interdictions professionnelles », *Masques*, n° 3, hiver 1979-1980.
2. « Les interdictions professionnelles pour homosexualité dans la loi », *Contre les interdictions professionnelles pour homosexualité*, janvier 1980, Mémoire des sexualités, fonds privé.
3. Jacques Girard, *Le mouvement homosexuel en France, 1945-1980*, Paris, Syros, 1981, p. 174.
4. « Le CUARH », *loc. cit.*
5. Courrier du GLH d'Amiens, 2 décembre 1979, Mémoire des sexualités, fonds privé.
6. « Les pédés à la Mutu », *Libération*, 2 juin 1980.
7. « Non au racisme anti-homosexuel. Non aux lois discriminatoires », *Homophonies*, n° 1, novembre 1980.
8. *Ibid.*
9. « La vaseline pour Krivine », *Libération*, 25-26 octobre 1980 ; « Les lois anti-homo », *Homophonies*, n° 1, novembre 1980.
10. « Éditorial », *Homophonies*, n° 1, novembre 1980.
11. Pour une histoire détaillée de l'histoire du journal, voir Catherine Gonnard et Jean-Michel Rousseau, « Homophonies : une sonorité différente », dans *Homosexualité et lesbianisme. Mythes, mémoires, historiographies : actes du colloque international, 1er et 2 décembre 1989*, Lille, Gay Kitsch Camp, coll. « Cahiers GKC », 1990, p. 33-47.
12. « Deux ans déjà », *Homophonies*, n° 26, décembre 1982.
13. Pour une histoire et une réflexion autour des petites annonces, voir Younes Lakehal, « *Réponse garantie, et peut-être plus* ». *Pratiques et représentations de la*

rencontre homosexuelle dans les petites annonces (années 1970-années 1980), mémoire de master 2, Institut d'études politiques de Paris, 2019.

14. Entretien avec Catherine Gonnard, Paris, janvier 2019.
15. Ilana Eloit, « Trouble dans le féminisme. Du "Nous, les femmes" au "Nous, les lesbiennes" : genèse du sujet politique lesbien en France (1970-1980) », *20 & 21*, n° 148, 2020.
16. Voir Justine Fourgeaud, « L'épreuve de la mixité homosexuelle. Les militantes lesbiennes au sein du Comité d'urgence antirépression homosexuelle », dans Hugo Bouvard, Ilana Eloit et Mathias Quéré (dir.), *Lesbiennes, pédés, arrêtons de raser les murs. Luttes et débats des mouvements lesbiens et homosexuels (1970-1990)*, Paris, La Dispute, coll. « Le genre du monde », 2023, p. 151-168.
17. « Lettre ouverte à toutes les femmes », *Homophonies*, n° 2, décembre 1980.
18. « Un front lesbien ? », *Homophonies*, n° 7, mai 1981.
19. « Lettre ouverte à toutes les femmes », *loc. cit.*
20. « Communiqué », 20 février 1982, Mémoire des sexualités, fonds privé Jacques Vandemborghe.
21. « De la mixité encore », *Homophonies*, n° 3, janvier 1981.
22. « Lesbiennes, féministes… Militante dans le CUARH, groupe mixte », *Homophonies*, n° 2, décembre 1980.
23. « Raz de marée lesbiennes à Marseille : investissons l'UEH », *Homophonies*, n°s 9-10, juillet-août 1981.
24. « Coordination nationale lesbienne », *Homophonies*, n° 18, avril 1982.
25. Pour une histoire approfondie de la lutte des lesbiennes contre la répression, voir Doris Varichon, « Mères lesbiennes en procès : stratégies de défense contre les retraits de gardes d'enfants (1976-1982) », dans Bouvard, Eloit et Quéré (dir.), *Lesbiennes, pédés, arrêtons de raser les murs, op. cit.*, p. 101-116.
26. « Une mère homosexuelle autorisée à garder ses enfants », *Libération*, 15 février 1982.
27. « Lyon : les homos place des Terraux », *Homophonies*, n° 15, janvier 1982.
28. « Le combat d'Eliane Morissens », *Le Monde*, 24 mars 1982.
29. « Le Manifeste des 370 gays », s. d., Mémoire des sexualités, fonds privé Jacques Vandemborghe.

Chapitre 6

1. « Présidentielles », *Homophonies*, n° 1, novembre 1980.
2. « Riposte », *Le Gai Pied*, n° 15, juin 1980.
3. « Comment participer à notre action », *Homophonies*, n° 1, novembre 1980.
4. « Les réponses des candidats », *Homophonies*, n° 6, avril 1981.
5. « À Paris le 4 avril : marche nationale pour nos droits et libertés », *Homophonies*, n° 2, décembre 1980.

6. « C'était le 4 avril », *Homophonies*, n° 7, mai 1981.
7. « Lettre ouverte à Arcadie », *Homophonies*, n° 5, mars 1981, p. 6.
8. *Ibid.*
9. « L'homosexualité sous la lorgnette des médias », *Homophonies*, n° 7, mai 1981.
10. « Intervention à Beaubourg de Jean Cavailhes, militant du GLH-Dijon », s. d., Mémoire des sexualités, fonds privé.
11. « Intervention de Martine Cotton au plateau Beaubourg », s. d., Mémoire des sexualités, fonds privé.
12. « C'était le 4 avril », *loc. cit.*
13. Note à M. Lambert, Directeur général de la police nationale, datée du 12 juin 1981, Mémoire des sexualités, fonds privé Jacques Vandemborghe.
14. « Vous avez demandé la police ? Ne quittez CUARH… », *Homophonies*, n°s 9-10, juillet-août 1981.
15. « Éditorial », *Homophonies*, n° 13, novembre 1981.
16. *Ibid.*
17. « Les minutes de l'abrogation », *Homophonies*, n° 15, janvier 1982.
18. « Orientations », *Homophonies*, n° 11, septembre 1981.
19. « Désarrois », *Le Gai Pied*, n° 30, septembre 1981.
20. « Stratégie pour une coalition », *Homophonies*, n° 9-10, juillet-août 1981.
21. « Homosexuel(le)s et militant(e)s pour quoi faire ? », *Homophonies*, n° 9-10, juillet-août 1981.
22. « Lyon : coordination nationale du CUARH », *Homophonies*, n° 12, octobre 1981.
23. « Orientations », *loc. cit.*
24. Courrier du CCL à l'ensemble du CUARH, s. d., Mémoire des sexualités, fonds privé Jacques Vandemborghe.
25. Jacques Girard, *Le mouvement homosexuel en France, 1945-1980*, Paris, Syros, 1981, p. 161-162.
26. « Quitter le CUARH Paris », 4 novembre 1981, Mémoire des sexualités, fonds privé Jacques Vandemborghe.
27. « Orientation sexuelle et loi antisexiste », *Homophonies*, n° 25, novembre 1982.
28. « La marche du 19 juin », *Homophonies*, n° 17, mars 1982.
29. *Ibid.*
30. « Marche nationale des homosexuels et des lesbiennes », *Homophonies*, n° 19, mai 1982.
31. « La Marche Gaie », *Homophonies*, n° 21-22, juillet-août 1982.
32. *Ibid.*
33. « Pour des États Généraux de l'homosexualité », *Homophonies*, n° 20, juin 1982.
34. « Assises régionales de l'homosexualité », *Homophonies*, n° 27, janvier 1983.

35. « Gay pride ou marche militante ? », *Homophonies*, nos 33-34, juillet-août 1983.
36. *Ibid.*
37. « Pour que vivent nos amours », s. d., Mémoire des sexualités, fonds privé.
38. « Paris bloqué par la gaité », *Gai Pied Hebdo*, n° 75, 25 juin-1er juillet 1983.
39. « Le triste cortège des gays », *Libération*, 20 juin 1983.
40. « Gay pride ou marche militante ? », *loc. cit.*
41. *Ibid.*
42. « Compte rendu de la Commission nationale du CUARH du 19 juin 1983 », 30 juin 1983, Mémoire des sexualités, fonds privé.

Chapitre 7

1. « Éditorial », *Homophonies*, nos 21-22, juillet-août 1982.
2. Jean Cavailhes, Pierre Dutey et Gérard Bach-Ignasse, *Rapport gai. Enquête sur les modes de vie homosexuels en France*, Paris, Persona, 1984, p. 94.
3. Frédéric Martel, *Le rose et le noir. Les homosexuels en France depuis 1968*, Paris, Seuil, coll. « Points », 2008 [1996], p. 297.
4. « Un cuarhiste à Paris », *Homophonies*, n° 8, juin 1981.
5. *Ibid.*
6. « Des GLH au BH en passant par le CUARH », *Homophonies*, n° 11, septembre 1981.
7. Martel, *Le rose et le noir, op. cit.*, p. 280-281.
8. « Fréquence gaie menacée », *Le Gai Pied*, n° 41, août 1982.
9. « Nos provinces à l'écoute des gais », *Homophonies*, n° 35, septembre 1983.
10. « FGC. Fédération Gaie pour la Communication », s. d., Bibliothèque Marguerite Durand, fonds privé Catherine Gonnard, boîte n° A VIII, « Divers LGBT ».
11. « Du gauchisme homosexuel », *Gai Pied Hebdo*, n° 79, 23-29 juillet 1983.
12. Luc Pinhas, « Les ambivalences d'une entreprise de presse gaie : le périodique *Gai Pied*, de l'engagement au consumérisme », *Mémoires du livres / Studies in Book Culture*, vol. 3, n° 1, automne 2011.
13. « Rencontre avec *Samouraï* », *Homophonies*, n° 27, janvier 1983.
14. « Communiqué », s. d., Mémoire des sexualités, fonds privé Jacques Vandemborghe.
15. Cavailhes, Dutey et Bach-Ignasse, *Rapport gai, op. cit.*, p. 72-73.
16. « *Lesbia* », dans Martine Laroche et Michèle Larrouy (dir.), *Mouvements de presse des années 1970 à nos jours. Luttes féministes et lesbiennes*, Paris, ARCL, 2009, p. 95.
17. *Ibid.*
18. « *Espaces* », dans Laroche et Larrouy (dir.), *Mouvements de presse des années 1970 à nos jours, op. cit.*, p. 89.
19. Alain Sanzio, « Presse gaie : la fin du journal intime », *Masques*, n° 16, hiver 1982-1983.

20. « Rouen : un nouveau lieu », *Homophonies,* n° 12, octobre 1981.
21. « Enfin ! Un lieu dijonnais », *Homophonies,* n° 16, février 1982.
22. Pour une histoire détaillée du lieu associatif Diane et Hadrien, voir le mémoire de Stacy Langiller, *« Diane et Hadrien » : un lieu associatif gai à Dijon (1982-1984),* mémoire de master 2, Université de Bourgogne, 2017.
23. « Qui fréquente les lieux gais ? », *Homophonies,* n° 26, décembre 1982.

Chapitre 8

1. « Police : le retour des vieux démons », *Homophonies,* n° 33-34, juillet-août 1983.
2. « La milice de J. Chirac », *Homophonies,* n° 29, mars 1983.
3. « Les inspecteurs de la sécurité des jardins de Paris n'aiment pas les homosexuels », *Libération,* 26 janvier 1983.
4. « Attention police », *Homophonies,* n° 42, avril 1984.
5. « À Caen l'inquisition », *Homophonies,* n° 49, novembre 1984.
6. « La police contre les homos : ça suffit ! », compte rendu de la Coordination nationale des 14 et 15 janvier 1984 à Caen, fonds privé Christian de Leusse.
7. Frédéric Martel, *Le rose et le noir. Les homosexuels en France depuis 1968,* Paris, Seuil, coll. « Points », 2008 [1996], p. 248.
8. Voir Jean Bérard et Nicolas Sallée, « Les âges du consentement. Militantisme gai et sexualité des mineurs en France et au Québec (1970-1980) », *Clio. Femmes, Genre, Histoire,* n° 42, 2015, p. 99-124.
9. Entretien avec Hervé Liffran, Paris, janvier 2019.
10. Antoine Idier, *Les alinéas au placard. L'abrogation du délit d'homosexualité, 1977-1982,* Paris, Cartouche, coll. « Idées », 2013, p. 44.
11. « Jacques Dugué : libération immédiate », *Homophonies,* n° 13, novembre 1981.
12. « Homos-pédos : le face à face ? », *Homophonies,* n° 49, novembre 1984.
13. Entretien avec Hervé Liffran, Paris, janvier 2019.
14. Entretien avec Catherine Gonnard, Paris, janvier 2019.
15. Sébastien Chauvin, « Les aventures d'une "alliance objective". Quelques moments de la relation entre mouvements homosexuels et mouvements féministes au XXe siècle », *L'homme et la société,* n° 158, 2005, p. 125.
16. « La crise n'est pas une fatalité », s. d., Bibliothèque Marguerite Durand, fonds Catherine Gonnard, boîte n° A V, « CUARH, Paris ».
17. « À droite toute », *Homophonies,* n° 33-34, juillet-août 1983.
18. « Éditorial », *Homophonies,* n° 30, avril 1983.
19. « Lesbiennes en mutation », *Homophonies,* n° 53, mars 1985.
20. « L'associatif répond », *Homophonies,* n° 52, février 1985.
21. « Édito », *Gai Pied Hebdo,* n° 176, 29 juin-5 juillet 1985.

22. « Compte-rendu de la Coordination nationale du CUARH tenue à Besançon les 26 et 27 avril 1986 », s. d., Bibliothèque Marguerite Durand, fonds Catherine Gonnard, boîte n° A V, « CUARH, Paris ».
23. « Lieux associatifs : fin de l'état de grâce », *Gai Pied Hebdo*, n° 175, 22-28 juin 1985.
24. « *G.I.* joue au petit soldat dans le marigot gay », *Libération*, 26 octobre 1984.
25. Jean Cavailhes, Pierre Dutey et Gérard Bach-Ignasse, *Rapport gai. Enquête sur les modes de vie homosexuels en France*, Paris, Persona, 1984, p. 82.
26. *La communauté gaie. Les mutations nécessaires*, Marseille, Fondation Mémoire des homosexualités, 1985, p. 14.
27. *Ibid.*
28. Cavailhes, Dutey et Bach-Ignasse, *Rapport gai*, *op. cit.*, p. 83.
29. Pour plus de détails, voir Hugo Bouvard, *Gays et lesbiennes en politique. Socio-histoire de la représentation des minorités sexuelles en France et aux États-Unis*, thèse de doctorat, Université Paris Dauphine-PSL, 2020.
30. Pour une étude sur le temps long des rapports entre la droite et l'homosexualité, voir Mickaël Studnicki, *Droites nationales, genre et homosexualités en France. Des années 1870 aux années 2010*, thèse de doctorat, Sorbonne Université, 2020.
31. « À droite toute », *Gai Pied Hebdo*, n° 106, 25 février-2 mars 1984.
32. « À droite toute », *Homophonies*, n° 54, avril 1985.
33. *Ibid.*
34. « Édito. Soyons nous-mêmes ! », *Gays infos*, n° 2, mars 1984.
35. « Une droite gaie perplexe », *Homophonies*, n° 49, novembre 1984.
36. « La menace du retour de la droite », dans *La communauté gaie*, *op. cit.*, p. 60.
37. « Chez nous soyez reines ! », *Homophonies*, n°s 45-46, juillet-août 1984.
38. Pour une étude de ce réseau, voir Tamara Chaplin, « Lesbians Online: Queer Identity and Community Formation on the French Minitel », *Journal of the History of Sexuality*, vol. 23, n° 3, septembre 2014.
39. « Questionnaire à l'intention des candidats aux élections de mars », *Homophonies*, n° 3, janvier 1986.

Chapitre 9

1. « Amour à risques », *Le Gai Pied*, n° 30, septembre 1981.
2. « Charme discret… et risques du vagabondage », *Homophonies*, n° 16, février 1982.
3. *Ibid.*
4. Pierre-Olivier De Busscher *et al.*, « Naissance », dans Patrice Pinell (dir.), *Une épidémie politique. La lutte contre le sida en France (1981-1996)*, Paris, Presses universitaires de France, coll. « Science, histoire et société », 2002, p. 40.
5. « Pas de péril en la demeure », *Homophonies*, n° 20, juin 1982.

6. *Ibid.*
7. Entretien avec Albert Rosse, Paris, janvier 2019.
8. « Pas de cancer gai… », *Homophonies,* n° 28, février 1983.
9. Frédéric Martel, *Le rose et le noir. Les homosexuels en France depuis 1968,* Paris, Seuil, coll. « Points », 2008 [1996], p. 366.
10. « Médecins et malades parlent », *Homophonies,* n° 35, septembre 1983.
11. *Ibid.*
12. « Entretien avec le professeur Montagnier », *Homophonies,* n° 35, septembre 1983.
13. « La police n'a pas à décider comment nous devons faire l'amour ! », s. d., Bibliothèque Marguerite Durand, fonds Catherine Gonnard, boîte n° A V., « CUARH, Paris ».
14. Cette terminologie est empruntée à l'ouvrage consacré à la vie de Jean Le Bitoux : Jean Le Bitoux, Hervé Chevaux et Bruno Proth, *Citoyen de seconde zone. Trente ans de lutte pour la reconnaissance de l'homosexualité en France (1971-2002),* Paris, Hachette, coll. « Littératures », 2003.
15. Plaquette d'information de Vaincre le sida, s. d., Mémoire des sexualités, fonds privé.
16. De Busscher *et al.*, « Naissance », *loc. cit.*, p. 45.
17. « Mobilisation contre le sida », *Homophonies,* n° 41, mars 1984.
18. « SIDA : rien ne va plus », *Homophonies,* n° 47, septembre 1984.
19. « Le SIDA en question », *Homophonies,* n° 48, octobre 1984.
20. Martel, *Le rose et le noir, op. cit.*, p. 377.
21. Dépliant informatif d'AIDES mis à jour, n° 1, 1985, Mémoire des sexualités, fonds privé.
22. « Sida, la faute des politiques », *Le Monde,* 12 juin 1991.
23. Entretien avec Jean-Michel Rousseau, Paris, janvier 2017.
24. Entretien avec Albert Rosse, Paris, janvier 2019.
25. Entretien avec Alain Lecoultre, Paris, janvier 2017.
26. Entretien avec Catherine Gonnard, Paris, janvier 2019.
27. « SIDA : quelle prise de conscience ? », dans *La communauté gaie. Les mutations nécessaires,* Marseille, Fondation Mémoire des homosexualités, 1985, p. 39.

Épilogue

1. CHLAF, « Lettre ouverte aux groupes homosexuels et lesbiens », 17 juillet 1987, fonds privé Jean-Michel Rousseau.
2. *Ibid.*

SOURCES ICONOGRAPHIQUES

BIBLIOGRAPHIE

Ce livre repose sur une thèse d'histoire contemporaine[I]. Au contraire de l'exercice universitaire, l'enjeu de cet ouvrage était de raconter une histoire. Dans cette perspective, j'ai fait le choix de me défaire d'une grande partie de l'appareillage théorique et méthodologique inhérent à l'exercice de la thèse. De même, afin de ne pas alourdir la lecture, j'ai cherché à limiter les notes de bas de page et les références au maximum. Pour les plus déterminé·es, il sera toujours possible de consulter le manuscrit académique pour approfondir un point ou préciser une référence. Ce choix comporte le risque d'invisibiliser celles et ceux qui m'ont précédé, aussi j'insiste sur tout ce que cette recherche leur doit. J'espère que la bibliographie suivante saura y participer.

HISTOIRE DU MOUVEMENT HOMOSEXUEL ET DES GROUPES MILITANTS

ALMEIDA, Jade, *Étude de contenu de la presse lesbienne.* Lesbia Magazine, *de 1982 à 2012,* mémoire de master 2, Université Paris 1 Panthéon-Sorbonne, 2015.

AMOUROUX, Jean-Paul, *Du rose à l'arc-en-ciel. Souvenirs authentiques d'un vieux con paranoïaque et homosexuel,* Marmande, Jacques André Éditeur, 2015.

I. Pour celles et ceux qui souhaiteraient accéder au manuscrit de la thèse, il est disponible à cette adresse : https://hal.science/tel-03827180v1.

Avramito, Maurice, *Quand les gais et les lesbiennes voient rouge! La Commission nationale homosexuelle de la LCR et le devenir biographique de ses militant.e.s,* mémoire de master 2, Université de Lausanne, 2016.

Bérard, Jean et Nicolas Sallée, « Les âges du consentement. Militantisme gai et sexualité des mineurs en France et au Québec (1970-1980) », *Clio. Femmes, genre, histoire,* n° 42, 2015, p. 99-124.

Bonnet, Marie-Jo, « Les Gouines Rouges », *Ex Æquo,* n° 11, octobre 1997.

Bossis, Lou, *« Nous sommes tous des marginaux et nous tous les rouages de la société qui nous opprime; comment pouvons-nous rejeter les transsexuelles? » Le sujet trans au sein des militantismes de genre et de sexualité des années 1970 et 1980 en France,* mémoire de master 2, EHESS, 2023.

Bouvard, Hugo, *Gays et lesbiennes en politique. Sociohistoire de la représentation des minorités sexuelles en France et aux États-Unis,* thèse de doctorat, Université Paris Dauphine, 2020.

—, Ilana Eloit et Mathias Quéré (dir.), *Lesbiennes, pédés, arrêtons de raser les murs. Luttes et débats des mouvements lesbiens et homosexuels (1970-1990),* Paris, La Dispute, coll. « Le genre du monde », 2023.

Callwood, Dan, *Re-evaluating the French Gay Liberation Moment 1968-1983,* thèse de doctorat, University of London, 2017.

Cavailhes, Jean, Pierre Dutey et Gérard Bach-Ignasse, *Rapport gai. Enquête sur les modes de vie homosexuels en France,* Paris, Persona, 1984.

Chaperon, Sylvie, Marine Rouch et Justine Zeller (dir.), « Les années 1968, la décennie féministe et homosexuelle en région », *Les Cahiers de Framespa,* n° 29, 2018.

Chaplin, Tamara, « Lesbians Online: Queer Identity and Community Formation on the French Minitel », *Journal of the History of Sexuality,* vol. 23, n° 3, septembre 2014.

CHAUVIN, Sébastien, « Les aventures d'une "alliance objective". Quelques moments de la relation entre mouvements homosexuels et mouvements féministes au XXe siècle », *L'homme et la société,* n° 158, 2005, p. 111-130.

CORNET, Adel, *Les UEEH, lieu de mémoire des homosexualités,* mémoire de master 2, EHESS, 2017.

DUPUY, Thomas, *Les années* Gai Pied *(1979-1992). « Tant et si peu », l'homosexualité il y a 30 ans,* Paris, Des ailes sur un tracteur, 2014.

DURAND, Mickaël, « Réconcilier christianisme et homosexualité. Histoire et politique de l'identité du mouvement David et Jonathan en France », dans Rémy Bethmont et Martine Gross (dir.), *Homosexualité et traditions monothéistes. Vers la fin d'un antagonisme ?,* Genève, Labor et Fides, 2017.

ELOIT, Ilana, *Lesbian Trouble: Feminism, Heterosexuality and the French Nation (1970-1981),* thèse de doctorat, London School of Economics and Political Science, 2018.

—, « Trouble dans le féminisme. Du "Nous, les femmes" au "Nous, les lesbiennes" : genèse du sujet politique lesbien en France (1970-1980) », *20 & 21,* n° 148, 2020, p. 129-145.

FILLIEULE, Olivier, « Le mouvement homosexuel », dans Xavier Crettiez et Isabelle Sommier (dir.), *La France rebelle. Tous les foyers, mouvements et acteurs de la contestation,* Paris, Michalon, 2002.

FOURGEAUD, Justine, *« On est pas des mecs, on est pédés ». Place du féminisme au sein des mouvements homosexuels mixtes français (1971-1985),* mémoire de master 2, Institut d'études politiques de Paris, 2017.

Front homosexuel d'action révolutionnaire, *Rapport contre la normalité,* Paris, Champ libre, 1971.

GIRARD, Jacques, *Le mouvement homosexuel en France, 1945-1980,* Paris, Syros, 1981.

—, *Mémoires d'homajour. 1978-10 mai 1981,* Paris, Edilivre, 2015.

—, *Une armée d'amour. 1971-1977,* Paris, Edilivre, 2016.

GLH-Politique et quotidien, *Dossiers de presse sur l'homosexualité,* Paris, Savelli, 1977.

GONNARD, Catherine, « Mouvements lesbiens », dans Didier Éribon (dir.), *Dictionnaire des cultures gays et lesbiennes,* Paris, Larousse, 2003, p. 330-332.

— et Jean-Michel Rousseau, « Homophonies : une sonorité différente », dans *Homosexualité et lesbianisme. Mythes, mémoires, historiographies : actes du colloque international, 1er et 2 décembre 1989,* Lille, Gay Kitsch Camp, coll. « Cahiers GKC », 1990, p. 33-47.

GROSS, Martine, « History of Beit Haverim », dans Martine Gross, Sophie Nizard et Yann Scioldo-Zurcher (dir.), *Gender, Families and Transmission in the Contemporary Jewish Context,* Newcastle upon Tyne, Cambridge Scholars, 2017.

HUARD, Geoffroy, *Los antisociales. Historia de la homosexualidad en Barcelona y París, 1945-1975,* Madrid, Marcial Pons Ediciones de Historia, coll. « Estudios », 2014.

IDIER, Antoine, *Dissidanse rose. Fragments de vies homosexuelles à Lyon dans les années 70,* Lyon, Michel Chomarat, 2012.

—, *Les vies de Guy Hocquenghem. Politique, sexualité, culture,* Paris, Fayard, coll. « À venir », 2017.

ISARTE, Roméo, *Silence ! On parle. Projections, ciné-clubs et festivals militants : montrer les films de femmes et les cinémas homosexuels (1968-1986),* mémoire de master 2, Université Lumière Lyon 2, 2017.

JACKSON, Julian, *Arcadie. La vie homosexuelle en France, de l'après-guerre à la dépénalisation,* Paris, Autrement, coll. « Mutations / Sexe en tout genre », 2010.

La communauté gaie. Les mutations nécessaires, Marseille, Fondation Mémoire des homosexualités, 1985.

LAKEHAL, Younes, *« Réponse garantie, et peut-être plus ». Pratiques et représentations de la rencontre homosexuelle dans les petites annonces (années 1970-années 1980),* mémoire de master 2, Institut d'études politiques de Paris, 2019.

LANGILLER, Stacy, *« Diane et Hadrien » : un lieu associatif gai à Dijon (1982-1984),* mémoire de master 2, Université de Bourgogne, 2017.

Le Bitoux, Jean, Hervé Chevaux et Bruno Proth, *Citoyen de seconde zone. Trente ans de lutte pour la reconnaissance de l'homosexualité en France (1971-2002),* Paris, Hachette, coll. « Littératures », 2003.

Martel, Frédéric, *Le rose et le noir. Les homosexuels en France depuis 1968,* Paris, Seuil, coll. « Points », 2008 [1996].

Mendes-Leite, Rommel (dir.), « Un sujet inclassable ? Approches sociologiques, littéraires et juridiques des homosexualités », *Cahiers Gay Kitsch Camp,* nº 28, 1995.

Morin-Delaurière, Camille, « Étude comparée de Rennes et de Paris : une autre histoire des relations entre les mouvements féministe et lesbien en France (1970-1980) », *Recherche féministe,* vol. 33, nº 2, 2020, p. 89-105.

Pinhas, Luc, « Les ambivalences d'une entreprise de presse gaie : le périodique *Gai Pied,* de l'engagement au consumérisme », *Mémoires du livre / Studies in Book Culture,* vol. 3, nº 1, automne 2011.

—, « La revue *Masques* et les éditions Persona. Une aventure éditoriale et culturelle pionnière au service de la communauté LGBT en France », *Mémoires du livre / Studies in Book Culture,* vol. 9, nº 2, printemps 2018.

Prearo, Massimo, « Le moment 70 de la sexualité : de la dissidence identitaire en milieu militant », *Genre, sexualité & société,* nº 3, printemps 2010.

—, *Le moment politique de l'homosexualité. Mouvements, identités et communautés en France,* Lyon, Presses universitaires de Lyon, coll. « Sexualités », 2014.

Quéré, Mathias, *Qui sème le vent récolte la tapette. Une histoire des Groupes de libération homosexuels en France de 1974 à 1979,* Lyon, Tahin Party, 2019.

Seydieh, Reza Sam, *Déportation pour motif d'homosexualité et mouvement LGBT en France. Évocations du passé, entre engagement militant et cadre institutionnel,* thèse de doctorat, Université Paris-Descartes, 2016.

SIBALIS, Michael, « L'arrivée de la libération gay en France. Le Front homosexuel d'action révolutionnaire (FHAR) », *Genre, sexualité & société*, nº 3, printemps 2010.

—, « Mai 68 : le Comité d'action pédérastique révolutionnaire occupe la Sorbonne », *Genre, sexualité & société*, nº 10, automne 2013.

VARICHON, Doris, *Le groupe de lesbiennes du centre des femmes de Lyon. Processus d'exclusion-inclusion et carrières militantes*, mémoire de master 1, Université Lumière Lyon 2, 2018.

VERDRAGER, Pierre, *L'enfant interdit. De la défense de la pédophilie à la lutte contre la pédocriminalité*, Paris, Armand Colin, coll. « Sociologia », 2021.

RÉPRESSION ET ENJEUX JURIDIQUES

ALBERTINI, Pierre, « Une tradition étrangère à la classe ouvrière. L'homosexualité, douloureux problème des révolutionnaires », *Les mots sont importants*, 10 novembre 2012.

BACH-IGNASSE, Gérard, *Homosexualités. Expression, répression*, Paris, Le Sycomore, coll. « Actuels », 1982.

BORRILLO, Daniel (dir.), *Homosexualités et droit. De la tolérance à la reconnaissance juridique*, Paris, Presses universitaires de France, coll. « Les voies du droit », 1999 [1998].

GAUTHIER, Jérémie et Régis Schlagdenhauffen, « Les sexualités "contre-nature" face à la justice pénale. Une analyse des condamnations pour "homosexualité" en France (1945-1982) », *Déviance et société*, vol. 43, nº 3, 2019, p. 421-459.

GUÉRIN, Daniel, *La répression de l'homosexualité en France*, Lausanne, La Nef, 1958.

IDIER, Antoine, *Les alinéas au placard. L'abrogation du délit d'homosexualité, 1977-1982*, Paris, Cartouche, coll. « Idées », 2013.

TIN, Louis-Georges et Geneviève Pastre (dir.), *Homosexualités. Expression/répression*, Paris, Stock, 2000.

L'ÉPIDÉMIE DU VIH-SIDA

ARNAL, Frank, *Résister ou disparaître ? Les homosexuels face au SIDA. La prévention de 1982 à 1992,* Paris, L'Harmattan, coll. « Logiques sociales », 1993.

BROQUA, Christophe, *Agir pour ne pas mourir. Act Up, les homosexuels et le sida,* Paris, Presses de Sciences Po, coll. « Académique », 2005.

— et Olivier Fillieule, *Trajectoires d'engagement : AIDES et Act Up,* Paris, Textuel, 2001.

FAVRE, Pierre, *Sida et politique. Les premiers affrontements, 1981-1987,* Paris, L'Harmatan, coll. « Dossiers Sciences humaines et sociales », 1992.

GIRARD, Gabriel, « Une mobilisation communautaire ? Les homosexuels et la prévention du sida », *Contretemps,* 6 mars 2014.

GRMEK, Mirko Dražen, *Histoire du sida. Début et origine d'une pandémie actuelle,* Paris, Payot, coll. « Bibliothèque scientifique Payot », 1990 [1989].

LESTRADE, Didier, *Act Up. Une histoire,* Paris, Denoël, coll. « Impacts », 2000.

LE TALEC, Jean-Yves, Sylvie Tomolillo et Daniel Welzer-Lang (dir.), *Un mouvement gai dans la lutte contre le sida. Les sœurs de la perpétuelle indulgence,* Paris, L'Harmattan, coll. « Logiques sociales », 2000.

MENDÈS-LEITE, Rommel, Michael Pollak et Jacques Vandemborghe (dir.), *Homosexuels et sida. Actes du colloque international,* Lille, Gay Kitsch Camp, coll. « Cahiers GKC », 1991.

PINELL, Patrice (dir.), *Une épidémie politique. La lutte contre le sida en France (1981-1996),* Paris, Presses universitaires de France, coll. « Science, histoire et société », 2002.

POLLAK, Michael, *Les homosexuels et le sida. Sociologie d'une épidémie,* Paris, Métailié, coll. « Leçons de choses », 1988.

—, *Une identité blessée. Études de sociologie et d'histoire,* Paris, Métailié, coll. « Leçons de choses », 1993.

RÉFÉRENCES GÉNÉRALES

ARTIÈRES, Philippe et Michelle Zancarini-Fournel (dir.), *68, une histoire collective (1962-1981)*, Paris, La Découverte, coll. « Cahiers libres », 2018.

BLIDON, Marianne, « Jalons pour une géographie des homosexualités », *L'Espace géographique*, vol. 37, nº 2, 2008, p. 175-189.

BERENI, Laure, « Pensez la transversalité des mobilisations féministes : l'espace de la cause des femmes », dans Christine Bard (dir.), *Les féministes de la deuxième vague*, Rennes, Presses universitaires de Rennes, coll. « Archives du féminisme », 2012, p. 27-41.

FILLIEULE, Olivier et Isabelle Sommier (dir.), *Marseille années 68*, Paris, Presses de Sciences Po, coll. « Académique », 2018.

LE TALEC, Jean-Yves, *Folles de France. Repenser l'homosexualité masculine*, Paris, La Découverte, coll. « Textes à l'appui / Genre & sexualité », 2008.

PICQ, Françoise, *Libération des femmes. Les années-mouvement*, Paris, Seuil, 1993.

TAMAGNE, Florence, *Histoire de l'homosexualité en Europe. Berlin, Londres, Paris, 1919-1939*, Paris, Seuil, coll. « L'univers historique », 2000.

TABLE DES MATIÈRES

CET OUVRAGE A ÉTÉ IMPRIMÉ EN DÉCEMBRE 2024 SUR LES PRESSES DES ATELIERS DE L'IMPRIMERIE CPI-FIRMIN DIDOT POUR LE COMPTE DE LUX, ÉDITEUR À L'ENSEIGNE D'UN CHIEN D'OR DE LÉGENDE DESSINÉ PAR ROBERT LAPALME

La mise en page est de Claude Bergeron

La révision du texte est de Cécile Delbecchi

Lux Éditeur
C.P. 25005, B.P. Garnier
Montréal (Québec)
H2T 1R0

Diffusion et distribution
Au Canada : Flammarion
En Europe : Harmonia Mundi

Imprimé en France